A COLLECTION

OF

CHIPPEWAY AND ENGLISH

HYMNS,

FOR THE USE OF THE NATIVE INDIANS.

TRANSLATED BY PETER JONES,
INDIAN MISSIONARY.

TO WHICH ARE ADDED
A FEW HYMNS TRANSLATED BY THE REV. JAMES
EVANS AND GEORGE HENRY.

I will sing with the spirit, and I will sing with the
understanding also.—1 Cor. xiv. 15.

New-York:
PUBLISHED BY CARLTON & PHILLIPS,
FOR THE MISSIONARY SOCIETY OF THE M. E. CHURCH,
200 MULBERRY-STREET.
1851.

OJEBWAY

NUHGUHMONUN,

KANUHNUHGUHMOWAHJIN

EGEWH UHNESHENAHBAIG.

KAHAHNEKUHNOOTUHMOBEEUNGIN
OWH KAHKEWAQUONABY,
UHNESHENAHBA KUHGEEQUAWENENE.

KUHYA DUSH GO, PUNGEE ENEWH OJEBWAY NUHGUHMONUN, KAHAHNEKUHNOOTUHMOBEEUHMOWAHJIN EGEWH MOOKEGEEZHIG KUHYA MONGWCHDAUS.

Ninguh tuhgo nuhgum suh emah kezheganduhmowin ing, kuhya ninguh tuhgo nuhgum emah nesedotuhmowining.—1 Cor. xiv, 15

New-York:
PUBLISHED BY CARLTON & PHILLIPS,
FOR THE MISSIONARY SOCIETY OF THE M. E. CHURCH,
200 MULBERRY-STREET.
1854.

PREFACE.

THE old edition of the Ojebway Hymn-Book having been out of print for some time, I have received repeated and earnest solicitations from the converted Indians at the various Ojebway mission stations to have it reprinted; stating, as their reason, that as the Great Spirit had made their hearts to rejoice while singing his praises in the language of those hymns, they still wished to retain what had been made a blessing to them in their first efforts to serve the Lord.

They have also complained that they were not able to read the new hymns translated by the Rev. JAMES EVANS and GEORGE HENRY, and published by the *American Tract Society* at New-York, owing to the difference in orthography; and feeling a desire to aid, as far as I am able, this part of the solemn worship of almighty God, I have been induced, not only to fall in with their desires, but also to translate a number of additional hymns, all of which I hope and pray may be made a great blessing to my Indian brethren.

In order to have the hymns as correct and intelligible as possible, I have availed myself of the advice and suggestions of several of my native brethren.

For the accommodation of our white friends who occasionally worship with us, the English hymns are printed on the opposite pages. Many of the more educated Indians have also expressed a desire to possess the hymns in both languages. The Indian hymns are divided into syllables, in order to make them easier for the Indians and white people to read.

The Indian words are written with the simple sounds of the English alphabet, which, in most cases, will enable the reader to pronounce them with sufficient accuracy. There are, however, sounds in the Ojebway which the English letters do not exactly convey, such as between *b* and *p*, *d* and *t*, *g* and *k*, *s* and *z*, *sh* and *zh*, *gw* and *qu*, and *ch* and *j*. Thus the Indian writer is liable to interchange one letter for the other when spelling the same word, and, consequently, that want of uniformity, always desirable, will sometimes appear. The above letters have, in most cases, their distinct sounds, according to English pronunciation.

It is very desirable that a dictionary in the Ojebway should be published as a standard for the orthography of that language.

KEY

TO

THE SOUNDS OF THE VOWELS IN THE OJEBWAY.

A long, as in May, day, navy, came, main.
E short, as in men, ned, wed, enemy.
EE long, as in deem, heed, seen, see.
I short, as in sin, pin, tin, in.
O short, as in on, top, sod, yonder.
OO long, as in noon, moon, spoon.
U short, as in tun, sun, number, under.
Y has the same sound as in the English—as in yonder way

ADVERTISEMENT

TO THE SECOND EDITION.

The Translator has made a few alterations and corrections in this edition, which he thinks will much improve the hymns.

Toronto, March 9, 1847.

ENGLISH HYMNS.

EXHORTING SINNERS TO RETURN TO GOD

HYMN 1. C. M.

O for a thousand tongues to sing
 My great Redeemer's praise!
The glories of my God and King,
 The triumphs of his grace!

2 My gracious Master, and my God,
 Assist me to proclaim,
To spread through all the earth abroad
 The honours of thy name.

3 Jesus! the name that charms our fears,
 That bids our sorrows cease;
'Tis music in the sinner's ears,
 'Tis life, and health, and peace.

4 He breaks the power of cancell'd sin,
 He sets the pris'ner free;

OJEBWAY NUHGUHMONUN.

UHGAHNOMINDWAH ANUHMEAHSEGOOG CHE-NONZEKUHWAHWOD ENEWH KEZHA MUNE-DOON.

NUHGUHMOWIN 1. C. M.

1 O uh pa-gish ke che ingo' dwok,
Neej uh ne she nah baig,
Che nuh nuh guh mo tuh wah wod
Ning e zha Mun e-doom.

2 Ning e che Noo sa weej e shin,
Che ween duh mah ga yon,
O mah a ne gook kuh me gog
A zhe wa be ze yun.

3 Je sus! kah be 'non duh we 'nung,
Kah gah sees beeng wa 'nung;
Ka gait 'che me no ne kah zo,
Kah noo je mo e nung.

4 Ween suh o ge muh mon zhe aun,
Muh je mun e doow' shun;

His blood can make the foulest clean;
His blood avail'd for *me*.

5 Look unto him, ye nations; own
Your God, ye fallen race;
Look, and be saved through faith alone,
Be justified by grace.

6 See all your sins on Jesus laid:
The Lamb of God was slain:
His soul was once an off'ring made
For every soul of man.

HYMN 2. L. M.

1 Come, sinners, to the gospel feast;
Let every soul be Jesus' guest;
Ye need not *one* be left behind,
For God hath bidden *all* mankind.

2 Sent by my Lord, on you I call;
The invitation is to ALL:
Come, all the world; come, sinner, *thou;*
All things in Christ are ready now.

3 Come, all ye souls by sin oppress'd,
Ye restless wand'rers after rest,

Kee be zee gwa be nuh moo nung,
Ween Je sus o me squeem.

5 Koo se non kuh nuh wah buh mik,
Uh ne she nah ba dook;
E nah be yook, ta bwa tuh wik,
Che be mah de ze yaig.

6 'Nuh, Je sus o be moon dah nun
Wah ne se go ya goon;
Kuh kė nuh che noo je mo yaig
Je sus kee oon je na.

NUHGUHMOWIN 2. L. M.

1 Kee nuh wah puh yah tah ze yaig,
Je sus ke wee ko me goo wah;
Ke zha Mun e doo kuh ke nuh
Noong oom ke nun do me go wah.

2 Ta ba ning a, nin duh noo nig,
Che wee quuh je we ne nuh goog;
Pe mah jah yook, ain duh che yaig,
Je sus ah zhe kee gee zhee tah.

3 Pe buh ze gwee yook kuh ke nuh
Wah uh nwa be e go ze yaig;

Ye poor, and maim'd, and halt, and blind,
In Christ a hearty welcome find.

4 My message as from God receive;
Ye all may come to Christ, and live;
O let his love your hearts constrain,
Nor suffer him to die in vain!

5 See him set forth before your eyes,
That precious, bleeding Sacrifice!
His offer'd benefits embrace,
And freely now be saved by grace.

6 This is the time; no more delay;
This is th' acceptable day;
Come in, this moment, at his call,
And live for Him who died for all.

HYMN 3. P. M.

1 Come, ye sinners, poor and needy,
Weak and wounded, sick and sore;
Jesus ready stands to save you,
Full of pity, love, and power;
He is able,
He is willing, doubt no more.

Kee nuh wah qua duh ge ze yaig,
Je sus ke nun do me go wah.

4 O dah pe nuh muh we shig suh,
Mon duh nin de bah je mo win;
Mon oo o zhuh wain je ga win,
'Guh noo je moshkah go nah wah!

5 E mah a nah suh muh be yaig,
Je sus ke wah bun duh e goom!
Um ba o dah pe nuh muh wik
Mon duh o zhuh wain je ga win.

6 Mee go noong oom me no uh pee,
Ka go ween bwah tuh mee ka goon;
Wa weeb suh pe non ze kuh wik,
Mah buh Ka noo je mo e naig.

NUHGUHMOWIN 3. P. M.

1 Oon dah shah yook suh kee nuh wah
Me nik puh yah tah ze yaig;
Je sus wuh wa zhe gah buh we,
Wee nuh non duh we e naig;
Muh shkuh we zee,
Ka be zhuh wa ne me naig.

2 Now, ye needy, come, and welcome,
God's free bounty glorify;
True belief and true repentance,
Every grace that brings you nigh,
Without money,
Come to Jesus Christ and buy.

3 Let not conscience make you linger,
Nor of fitness fondly dream:
All the fitness he requireth
Is to feel your need of him;
This he gives you,
'Tis the Spirit's glimm'ring beam.

4 Come, ye weary, heavy laden,
Bruised and mangled by the fall:
If you tarry till you're better,
You will never come at all;
Not the righteous,
Sinners Jesus came to call.

5 Agonizing in the garden,
Lo! your Maker prostrate lies!
On the bloody tree behold him!
Hear him cry before he dies,
"It is finish'd!"
Sinners, will not this suffice?

2 Ka de mah ge ze wa gwain suh,
Mon oo o dah pe nuh mook,
Ke zha Mun e doo o ge che
O zhuh wain je ga win un;
Wa ne puzh suh,
Keesh pe nuh duh mah de zook.

3 Ka go shah gwa ne moo ka goun,
Pah mah che e nain duh maig,
Noong oom che un duh wa ne maig
Ke de na ne me go wah;
Ke mee ne goom,
Mah buh Ke che O je chog.

4 Kee nuh wah pwah yah we ze yaig
Ewh kee ne shwah nah de ze yaig,
Pah mah pee kee noo je mo yong,
Ke dah uh ye nain duh zeem;
Noong oom suh go,
Je sus ke nun do mig 'wah.

5 Ke te gon ans ing kee duh zhe
Wah we suh ge na Je sus
Wah buh mik, owh kah uh goo nind
E nuh, ma dwa e ke dood,
"Ning ee keezh' toon
Che zhuh wain dah go ze yaig!"

6 Lo! th' incarnate God ascending,
Pleads the merit of his blood;
Venture on him, venture freely;
Let no other trust intrude:
None but Jesus
Can do helpless sinners good.

7 Saints and angels, join'd in concert,
Sing the praises of the Lamb;
While the blissful seats of heaven
Sweetly echo with his name:
Hallelujah!
Sinners here may do the same!

HYMN 4. 4 6s & 2 8s.

1 Blow ye the trumpet, blow
The gladly solemn sound:
Let all the nations know,
To earth's remotest bound,
The year of jubilee is come;
Return, ye ransom'd sinners, home.

2 Jesus, our great High Priest,
Hath full atonement made;

6 Ish pe ming e zhod Mun e doo,
O wah ween don o me squeem;
Wa ne puzh suh, non ze kuh wik;
Ween a tuh go e zhah yook:
Je sus a tuh,
Ke dah noo je mo' go wah.

7 Nuh nuh qua uh mah de wod,
Ish pe ming, pah pe nuh uh moog,
Ke che mah moo yuh wuh mah wod,
Ka nuh wah buh mah wah jin:
Hallelujah!
Nuh qua uh mah ga she dah.

NUHGUHMOWIN 4. 4 6s & 2 8s.

1 Muh dwa wa too yook ewh
Ka che me no tah gwuk;
Pee bah gim kuh ke nuh,
Keej uh ne she nah baig:
Ah zhe tuh gwe she noo muh gud,
Che be zhuh wain dah go ze yaig.

2 Je sus o' ge zhe toon
Noo je mo e wa win,

Ye weary spirits, rest;
Ye mournful souls, be glad:
The year, &c.

3 Extol the Lamb of God,
The all-atoning Lamb;
Redemption through his blood
Throughout the world proclaim:
The year, &c.

4 Ye slaves of sin and hell,
Your liberty receive;
And safe in Jesus dwell,
And blest in Jesus live:
The year, &c.

5 Ye who have sold for naught
Your heritage above,
Receive it back unbought,
The gift of Jesus' love:
The year, &c.

6 The gospel trumpet hear,
The news of heavenly grace;
And, saved from earth, appear
Before your Saviour's face:
The year, &c.

Pah pe nain duh mo yook
Ka de mah ge ze yaig;
Ah zhe.

3 Koo se non O gwe sun,
Mon oo me nwah je mik;
Te bah je mik min ze
O mong e zhe uh keeng.
Ah zhe.

4 Kee nuh wah kuh ke nuh,
Qua duh ge too wa gwain,
O dah pe nik Je sus,
Kah noo je mo e naig.
Ah zhe.

5 Kah buh nah je to yaig
Ish pe ming a yah gin,
Wa ne puzh suh na yob,
O dah pe nuh mo yook.
Ah zhe.

6 Ta bwa tuh mo yook ewh
Pah pe nah je mo win;
Um ba kee zhee tah yook
Ish pe ming che 'zhah yaig.
Ah zhe.

HYMN 5. C. M.

1 Let every mortal ear attend,
And every heart rejoice;
The trumpet of the gospel sounds
With an inviting voice.

2 Ho! all the hungry, starving souls
That feed upon the wind,
And vainly strive with earthly toys
To fill an empty mind;

3 Eternal Wisdom hath prepared
A soul-reviving feast,
And bids your longing appetites
The rich provision taste.

4 Ho! ye that pant for living streams,
And pine away and die,
Here you may quench your raging thirst
With springs that never dry.

5 Rivers of love and mercy here
In a rich ocean join;
Salvation in abundance flows,
Like floods of milk and wine.

NUHGUHMOWIN 5. C. M.

1 Mon oo Egewh ain do min jig;
Tuh wuh we zhain duh moog,
Ke che un doong a muh gud mah
Ewh Me nwah je mo win.

2 Ho! ka wah kuh do zo wa gwain
Mee je yaig ewh noo din,
Uh keeng a yah gin wee oon je
Ta buh ga ne mo yaig.

3 Kah ge ga Na bwah kod ah zhe
O gee gee zhe se doon,
Ka me no da a shkah go yaig,
Ke che wee koon de win.

4 Ho! kah shkah bah gwa noon duh maig
Wa ne zhe shing ne be;
See beeng Pe mah de ze win e
O on je me ne qua yook.

5 See beeng kuh ya ke che guh meeng,
Ka gait e nain dah gwud;
Mon duh zhuh wain dah go ze win,
Qua tah me go je wung.

6 The happy gates of gospel grace
Stand open night and day:
Lord, we are come to seek supplies,
And drive our wants away.

PENITENTIAL.

HYMN 6. S. M.

1 O that I could repent,
With all my idols part,
And to thy gracious eyes present
An humble, contrite heart!
A heart with grief oppress'd,
For having grieved my God,
A troubled heart, that cannot rest,
Till sprinkled with thy blood.

2 Jesus, on me bestow
The penitent desire:
With true sincerity of wo
My aching breast inspire;
With soft'ning pity look,
And melt my hardness down;
Strike with thy love's resistless stroke,
And break this heart of stone!

6 Kah ge nig go nuh sah ko sin,
Zhuh wain dah go ze win;
Je sus ke be non ze kah goo,
Che da buh oo zhe yong.

KEESAHDAINDUHMOWIN.

NUHGUHMOWIN 6. S. M.

1 Oh pa gish nah ka gait,
Kee sah dain duh mom bon,
Pe e ne nuh moo ne nom bon
Ewh noo ke da a win!
Kee muh je doo duh wug
Nin ge zha Mun e doom,
Che oon je kee zah dain duh mon
Ewh noo je mo se won.

2 Je sus, meen zhe shin ewh
Un do na e ga win;
Kuh ga tin che un do duh mon
Ke zhuh wain je ga win;
Pe noo kah buh me shin,
Neen ka gon de ze yon;
Ah pe je pee gwah be kuh un,
A se nee wung nin da!

HYMN 7. C. M.

1 God is in this and every place;
But, O, how dark and void
To me!—'Tis one great wilderness,
This earth without my God.

2 Empty of Him who all things fills,
Till he his light impart,
Till he his glorious self reveals,
The veil is on my heart.

3 O thou, who seest and know'st my grief,
Thyself unseen, unknown,
Pity my helpless unbelief,
And take away the stone.

4 Regard me with a gracious eye,
The long-sought blessing give;
And bid me, at the point to die,
Behold thy face and live.

5 Now, Jesus, now, the Father's love
Shed in my heart abroad;
The middle wall of sin remove,
And let me into God.

NUHGUHMOWIN 7. C. M.

1 Ke zha Mun e doo tuh ne ze,
O mah kuh ya min ze;
Wee jee we sig, ne Mun e doom,
Puh suh go te be kud.

2 Ne ma tuh sa ne mah dush neen,
Mah buh min ze a yod,
Pah mah a tuh ko nin da ing
Puh wah sa shkuh we jin.

3 Oh keen, ka kain duh mun mon duh
Ning o duh ge ze win;
Mon oo e ko nuh muh we shin
A se nee wung nin da!

4 Ke de mah gah buh me shin suh,
Che zhuh wa ne me yun;
Che bwah go ne bo yon mon oo
Pe noo je mo e shin.

5 Je sus, uh toon nin da ing Koos,
O me nwa ning a win;
Ka yah be che ah yah se noog
Ka be shkah go yuh nin.

HYMN 8. C. M.

1 How sad our state by nature is!
Our sin, how deep it stains!
And Satan binds our captive souls
Fast in his slavish chains.

2 But there's a voice of sovereign grace,
Sounds from the sacred word:
"Ho, ye despairing sinners, come,
And trust upon the Lord!"

3 My soul obeys th' Almighty's call,
And runs to this relief:
I would believe thy promise, Lord;
O help my unbelief!

4 To the blest fountain of thy blood,
Incarnate God, I fly:
Here let me wash my spotted soul
From sins of deepest dye.

5 A guilty, weak, and helpless worm,
Into thy hands I fall;
Be thou my strength and righteousness,
My Saviour, and my all.

NUHGUHMOWIN 8. C. M.

1 Ke che ke de mah guh kuh mig,
A zhe pah tah ze yong!
Muh shkuh we pe zhe yuh ming id,
Muh je mon e ze win.

2 Muh dwa noon dah gwud dush ween go,
Ewh ain do me go yon;
"Ho! puh yah tah ze yaig, Je sus,
Pe uh pa ne mo yook."

3 Nin da bwa tuh wah ain do mid,
Ka uh puh e wa yon;
Ke wee da bwa toon suh Je sus,
Oh wee doo kuh we shin!

4 Ain duh ne je wung ke me squeem
Nim be uh puh ge zoozh,
Mon oo kuh ke nuh wah nuh kin,
Tuh wa bah bah wa wun.

5 Ke ne kong nim be uh puh gis,
Neen puh ya jee wee yon;
Keen Je sus a pa ne mo yon
Muh shkuh we zee e shin.

HYMN 9. 6 *lines* 8s.

1 Come, O thou Traveller unknown,
Whom still I hold, but cannot see!
My company before is gone,
And I am left alone with thee:
With thee all night I mean to stay
And wrestle till the break of day.

2 I need not tell thee who I am;
My misery and sin declare:
Thyself hast call'd me by my name,
Look on thy hands, and read it there:
But who, I ask thee, who art thou?
Tell me thy name, and tell me now.

3 In vain thou strugglest to get free,
I never will unloose my hold!
Art thou the man that died for me?
The secret of thy love unfold:
Wrestling, I will not let thee go,
Till I thy name, thy nature know.

4 Wilt thou not yet to me reveal,
Thy new, unutterable name?
Tell me, I still beseech thee, tell:
To know it now, resolved I am:

NUHGUHMOWIN 9. 6 *lines* 8s.

1 Oon dos, Pa bah mah de ze yun,
Ka yah be main je me ne non!
Nee gah nee wug, wah jee wuh gig,
Ning ee nuh guh ne goo dush neen:
Ne zhe ka dush kuh ba de bik,
Ke guh wee guh gwa jee wah nin.

2 Ke ween duh mah go nun mah min
Ning o duh ge ze win shun;
Ke nin jeeng suh go wah bun dun,
A zhe ke de mah ge ze yon;
Wa naish Keen? Ween duh muh we shin
Noong oom a zhe ne kah zo yun.

3 Wah ge de skee e wuh nan suh
Kah ween ning uh buh ge jee see!
Keen nuh owh Kah ne bo tuh wid?
Mon oo suh zhuh wa ne me shin:
Ke guh ke che ah yeen de nin,
Wee zhuh wa ne me go ze yon.

4 Kah nuh go ke wee ween duh zeen,
Mon duh a zhe ne kah zo yun?
Noong oom suh wee duh muh we shin,
A zhe me no ne kah zo yun;

Wrestling, I will not let thee go,
Till I thy name, thy nature know.

5 What though my shrinking flesh complain,
And murmur to contend so long?
I rise superiour to my pain:
When I am weak, then I am strong!
And when my all of strength shall fail,
I shall with the God-man prevail.

HYMN 10. S. M.

1 Ah! whither should I go,
Burden'd, and sick, and faint;
To whom should I my troubles show,
And pour out my complaint?
My Saviour bids me come;
Ah! why do I delay?
He calls the weary sinner home,
And yet from him I stay!

2 What is it that keeps me back,
From which I cannot part?
Which will not let my Saviour take
Possession of my heart?
Some cursed thing unknown
Must surely lurk within:

Ke guh ke che ah yeen de nin
Wee zhuh wa ne me go ze yon.

5 Nin dah ah nuh wain je ga nuh
Wa weeb zhuh wa ne me se wun?
Uh pee puh ya jee wee yah nin,
Mee dush ko muh shkuh we zee yon!
Nim be wee-doo kog ko Je sus,
A ne uh ya quee wee yah nin.

NUHGUHMOWIN 10. S. M.

1 Ah neen de ka 'zhah yon,
Neen nah nuh me ze yon!
Wa naish nah ka ween duh muh wug
Oowh a zhe da a shon?
Kah noo je mo id suh
Noong oom nin nun do mig;
Ka de mah ge da a ne jin,
"Pe gee waig," o de non!

2 Wa go nan nuh dush ewh
Wain duh me e go yon?
Nuh nonzh o dah pe nah se wug
Kah be noo je mo id?
Ka goo suh uh yah doog
E mah nin da e shing;

Some idol which I will not own,
  Some secret bosom-sin.

3 Jesus, the hind'rance show,
  Which I have fear'd to see;
Yet let me now consent to know
  What keeps me out of thee:
Searcher of hearts, in mine
  Thy trying power display;
Into its darkest corners shine,
  And take the veil away.

4 I now believe, in thee
  Compassion reigns alone;
According to my faith, to me
  O let it, Lord, be done!
In me is all the bar,
  Which thou wouldst fain remove;
Remove it, and I shall declare
  That God is only love.

HYMN 11. L. M.

1 O! for a glance of heavenly day,
To take this stubborn heart away;
And thaw, with beams of love divine,
This heart, this frozen heart of mine!

Ka yah be kuh yah doo wah man,
  Muh je uh ye e wish.

3 Je sus, wah bun duh 'shin
  Wain duh me e go yon:
Mon oo dush ning uh ke kain don
  Puh yah tah e go shon.
Wuh yah sa yah ze yun,
  Wah sa shkuh muh we shin;
A ne go ko da a yon dush,
  Che wah sa yah ze yon.

4 Keen zha wain je ga yun;
  Ke ta bwa ya ne min;
A zhe dush ta bwa yain duh mon
  Mon oo too duh we shin!
Neen go nin doo dah diz,
  Wain je ba jee wee yon;
Mon oo suh ong wah me e shin,
  Ewh che zah ge e non.

NUHGUHMOWIN 11. L. M.

1 Oh! pa gish wah sa yah ge bun,
E mah ne muh je nin da ing,
Pe ning e da muh guh ke bun
Oowh ma quuh mee wung nin da ish!

2 The rocks can rend; the earth can quake;
The seas can roar; the mountains shake;
Of feeling, all things show some sign,
But this unfeeling heart of mine.

3 To hear the sorrows thou hast felt,
O Lord, an adamant would melt:
But I can read each moving line,
And nothing moves this heart of mine.

4 Thy judgments, too, unmoved I hear,
(Amazing thought!) which devils fear:
Goodness and wrath in vain combine
To stir this stupid heart of mine.

5 But something yet can do the deed;
And that blest something much I need:
Thy Spirit can from dross refine,
And melt and change this heart of mine.

HYMN 12. C. M.

O for a closer walk with God,
  A calm and heavenly frame;
A light, to shine upon the road
  That leads me to the Lamb!

2 Tah dah shkah be ke sa uh sin;
Tah ke che jeeng wun ewh uh ke;
A peech ko tah me go ze yun,
Kah dush ween go oowh nin da ish!

3 Noon duh ming e bun, kah e zhe
Ko duh gain dun mun, Oh Je sus!
Tah ning e da muh gud uh sin;
Kah dush ween go oowh nin da ish!

4 Ke de bah ko ne wa win un,
Qua tung in muh je mun e doo,
Ah no ne noon duh nun kah dush
Wee ko shakah se noon nin da ish!

5 Ah no suh go uh yah mah gud,
Ewh ka guh shke e go yom bon:
Mee go owh Ke che O je chog,
Ka onj e too pun, nin da ish.

NUHGUHMOWIN 12. C. M.

1 Oh pa gish nah nuh weej pa shoo
Wee to sa muh ge bun;
Mah buh ning e zha Mun e doom
Ka wah sah shkuh we pun!

2 Where is the blessedness I knew
When first I saw the Lord?
Where is that soul-refreshing view
Of Jesus and his word?

3 What peaceful hours I then enjoy'd!
How sweet their memory still!
But now I find an aching void,
The world can never fill.

4 Return, O holy Dove, return,
Sweet messenger of rest!
I hate the sins that made thee mourn,
That drove thee from my breast.

5 The dearest idol I have known,
Whate'er that idol be,
Help me to tear it from thy throne,
And worship only thee.

6 So shall my walk be close with God,
Calm and serene my frame;
So purer light shall mark the road
That leads me to the Lamb.

2 Ah neen de dush ewh wuh ya shkud;
Pah pe nain duh mo win?
Kah ge kain duh mom bon uh pee
Zha wa ne mid, Je sus?

3 Nim bah pe nain dah nah bun ko
Kee ong wah me ze yon;
Ning ee nuh guh ne goon suh dush
Wain je pa jee wee shon.

4 Pe kee wain kah nuh guh zhe yun
Oh ke che O je chog!
Mon oo peen de ga sain e mah
Kah oon je mah jah yun.

5 Ning uh gwah ne suh gain dah nun
Nim bah tah ze win un;
Weej e shin che wa be nuh mon
Ma nwain duh ze wuh nin.

6 Mee dush nah che wee to sa mug
Ning e zha Mun e doom;
Che ne wah sa shkuh muh wid dush
Ish pe ming e zhah yon.

HYMN 13. C. M.

1 Father, I stretch my hands to thee,
No other help I know;
If thou withdraw thyself from me,
Ah! whither shall I go?

2 What did thy only Son endure
Before I drew my breath;
What pain, what labour, to secure
My soul from endless death!

3 O Jesus, could I this believe,
I now should feel thy power;
Now all my wants thou wouldst relieve
In this th' accepted hour.

4 Author of faith, to thee I lift
My weary, longing eyes:
O let me now receive that gift!
My soul without it dies.

5 Surely thou canst not let me die;
O speak, and I shall live!
For here I will unwearied lie,
Till thou thy Spirit give.

NUHGUHMOWIN 13. C. M.

1 Noo sa, ke zhee be ne ka toon
Che wee doo küh we yun ;
Keesh pin suh kah zoo tuh we yun
Ah neen de ka 'zhah yon?

2 Ah neen me nik kah be moon dung
Ko duh ge ze win un,
Ke gwe sis che bwah na sa yon
Wee nuh non duh we id?

3 Oh Je sus! **ta** bwa yain duh mon
Nin dah bah pe nain dum;
Noong oom ke dah wuh wa zhe ah,
Nin je chog noong oom go.

4 Ke doom be nuh moon ne shkeenzh' goon,
Keen wah doo kah ga yun;
Oh meen zhe shin ne bwah kah win
Che noo je mo e yun!

5 Kah ween ke de na ne mah see
Nin je chog che ne bood;
Oh mon oo zhuh wa ne me shin,
Che be mah de ze yon!

6 The worst of sinners would rejoice,
Could they but see thy face:
O let me hear thy quick'ning voice,
And taste thy pard'ning grace!

ON BACKSLIDING.

HYMN 14. C. M.

1 O why did I my Saviour leave,
So soon unfaithful prove:
How could I thy good Spirit grieve,
And sin against thy love?

2 I forced thee first to disappear,
I turn'd thy face aside;
Ah, Lord! if thou hadst still been here,
Thy servant had not died.

3 But O! how soon thy wrath is o'er,
And pard'ning love takes place!
Assist me, Saviour, to adore
The riches of thy grace.

4 O could I lose myself in thee;
Thy depth of mercy prove;

6 Ka che kuh gee bah de ze jig
Ke ka ne me quah bun;
Tah ke che bah pe nain duh moog
Kee zhuh wa ne muh dwah.

KAHUHZHASAINGIN.

NUHGUHMOWIN 14. C. M.

1 Oh ah neesh nah kee nuh guh nug,
Kah nuh non duh we id:
Ah neesh ween muh je doo duh wug,
Mah buh zah yah ge id?

2 Ke gee mee we non zhuh oon suh
Kah oon je mah jah yun;
Je sus wee jee we yum bun kah
Nin dah gee ne bo see.

3 Wuh yee buh dush ween ko ah no,
Ke be boo na ne mish!
Je sus wee doo kuh muh we shin
Ke che zah ge e non.

4 Oh uh pa gish nah wuh weeng a
Puh kuh kain duh mom bon,

Thou vast, unfathomable sea
Of unexhausted love!

5 My humbled soul, when thou art near,
In dust and ashes lies:
How shall a sinful worm appear,
Or meet thy purer eyes?

6 I loathe myself when God I see,
And into nothing fall;
Content if thou exalted be,
And Christ be ALL IN ALL.

DESCRIBING BELIEVERS' FIRST LOVE.

HYMN 15. P. M.

1 How happy are they
Who their Saviour obey,
And have laid up their treasure above!
Tongue cannot express
The sweet comfort and peace
Of a soul in its earliest love!

2 That comfort was mine,
When the favour divine
I first found in the blood of the Lamb;

Mon duh ke zhuh wain je ga win,
Ka che te mee muh guk!

5 Uh pee pa shoo a yah yuh nin
Nin duh gah sa ne moosh:
Ah neen ka 'zhe nuh qua shkoo non,
Neen puh yah tah ze yon?

6 Uh pee ko wah yah buh muh gin,
Owh ke che Mun e doo;
Ween mah muh we tuh nee gah nee
Nin de nain dum suh ko.

TUHYABWAYAINDUNG WUHYASHKUD KAHEZHE PAHPENAINDUNG.

NUHGUHMOWIN 15. P. M.

1 'Nuh go shuh a zhe
Pah pe nain duh mo wod,
Ke zha Mun e doon kan' wahb' mah jig,
Ah pe je suh go,
'Che pah pe nain duh moog,
Pe jee nug zhuh wain dah go ze wod.

2 Mee suh kuh ya neen,
Kah 'zhe pah pe naind' mon,
Wuh ya shkud uh pee ma kuh wug owh

When my heart it believed,
What a joy I received,
What a heaven in Jesus's name!

3 'Twas a heaven below
My Redeemer to know,
The angels could do nothing more,
Than fall at his feet,
And the story repeat,
And the Lover of sinners adore.

4 Jesus all the day long
Was my joy and my song:
O that all his salvation might see!
He hath loved me, I cried;
He hath suffer'd and died
To redeem such a rebel as me.

5 O the rapturous height
Of that holy delight
Which I felt in the life-giving blood!
Of my Saviour possest,
I was perfectly blest,
As if fill'd with the fulness of God.

O me squeem kah be
Zee gwa be nuh muh wid,
Kee ge che pah pe nain duh mon dush.

3 Ish pe ming suh go
Kee e nuh kuh me gah
O ze dong kee uh puh ge zo yon;
Kee bee bah ge mug,
Kah nuh non duh we id,
Ah pe je ning ee pah pe nain dum.

4 Je sus, kuh ba kee zhig
Ning ee e nuh uh moz,
Uh pa gish kuh ke nuh wahb' dum 'wod
Ning ee 'nuh da moosh
A zhe o ne zhe shing,
O ge che o duh nuh me ah win.

5 Oh ka gait suh go
Che pah pe nain dah gwud,
Me sque kah noo je mo e go yung!
Ke tong kun duh mon,
Un duh go mah jee gin,
Nin da a peech pah pe nain duh mon.

THE PLEASANTNESS OF RELIGION.

HYMN 16. S. M.

1 Come, ye that love the Lord,
And let your joys be known:
Join in a song with sweet accord,
While ye surround his throne.
Let those refuse to sing
Who never knew our God;
But servants of the heavenly King
May speak their joys abroad.

2 The God that rules on high,
That all the earth surveys,
That rides upon the stormy sky,
And calms the roaring seas;
This awful God is ours,
Our Father and our love;
He will send down his heavenly powers,
To carry us above.

3 There we shall see his face,
And never, never sin;
There from the rivers of his grace
Drink endless pleasures in.

AZHE ONESHESHING EWH UHNUHMEAHWIN.

NUHGUHMOWIN 16. S. M.

1 Kee nuh wah zuh yahg' aig.
Ke doo ge mah me non;
Mon oo nuh qua uh mah de yook,
Che moo je ge ze yaig.
Ka gee bah de ze jig
Tah pe zah nuh be wug;
Tah pah pe nain duh moog dush ween
Mah mig na bwah kah jig.

2 Koo se non ish pe ming,
Tuh zhe Mun e doo we,
Tuh de bah bun dung dush mon duh
Uh ke kuh ya ne be;
Mee mah buh Mun e doo,
Ka che O yoo se mung;
Ke guh nee se nuh mah go non
Ish pe ming che zhah yung.

3 Mee suh dush e we de
Ka duh zhe wah buh mung
Pe mah de ze win e see beeng,
Che muh me ne qua yung;

Yea, and before we rise
  To that immortal state,
The thoughts of such amazing bliss
  Should constant joys create.

4 The men of grace have found
  Glory begun below;
Celestial fruit on earthly ground
  From faith and hope may grow:
Then let our songs abound,
  And every tear be dry:
We're marching through Immanuel's ground
  To fairer worlds on high.

HYMN 17. C. M.

1 Happy the souls to Jesus join'd,
  And saved by grace alone;
Walking in all his ways, they find
  Their heaven on earth begun.

2 The church triumphant in thy love,
  Their mighty joys we know:
They sing the Lamb in hymns above,
  And *we* in hymns below.

Che bwah tuh gwe she nung
E we de ish pe ming;
Ke dah o nah ne go ze min
Nee gon e nah be yung.

4 Uh keeng na bwah kah jig,
O ge me kah nah wah;
Ish pe ming tuh zhe mee ne kon
Ka mah jee ge too wod;
Mon oo dush kah ge nig
Nuh nuh guh mo she dah
Ke be mo sa min mah uh keeng
Ish pe ming e zhah yung.

NUHGUHMOWIN 17. C. M.

1 Ke che zhuh wain dah go ze wug
Je sus wah je wah jig;
Ish pe ming go e nain dah gwud
Ewh wee to sa mah wod.

2 Ke che o nah ne gwain duh moog
Ish pe ming a yah jig;
Kuh ya kee nuh wind dush mee uh nooj
Nuh nuh guh mo tuh wung,

3 Thee in thy glorious realm they praise,
And bow before thy throne;
We in the kingdom of thy grace:
The kingdoms are but one.

4 The holy to the holiest leads;
From thence our spirits rise:
And he that in thy statutes treads,
Shall meet thee in the skies.

THE GOODNESS OF GOD.

HYMN 18. C. M.

1 Behold the Saviour of mankind,
Nail'd to the shameful tree!
How vast the love that him inclined
To bleed and die for thee!

2 Hark, how he groans! while nature shakes,
And earth's strong pillars bend;
The temple's veil in sunder breaks;
The solid marbles rend.

3 'Tis done! the precious ransom's paid;
"Receive my soul," he cries:
See where he bows his sacred head!
He bows his head and dies!

3 Ke tin duh nuh kee we ning suh
Ke zhuh guh shkee tah goog;
Nee nuh wind dush o mah uh keeng
Ne moo je gain dah min.

4 Pee ne ze win ing e zhah wug,
Mah mig pah ne ze jig;
Ke guh nuh qua shkog ish pe ming
Mah buh nwah pe nuh nik.

OZHUHWAINJEGAWIN OWH MENO MUNEDOO.

NUHGUHMOWIN 18. C. M.

1 E nuh owh Nwah je mo e waid
Me tig oong a goo jing!
Ko tah me gwee wee muh gud' ne
O zhuh wain je ga win!

2 E nuh, ma gwah muh mah pe naid!
Nuh ning e shkah uh ke;
Kuh ya tah shkah be ke sa wun
Kuh ke nuh uh sin een.

3 "Ah zhe suh ning ee de buh aun,"
Kee e zhe pee bah ge;
E nuh dush nuh wuh ge qua said
Uh ne e shquah nah mo.

4 But soon he'll break death's envious chain,
And in full glory shine:
O Lamb of God! was ever pain,
Was ever love, like thine?

HYMN 19. 6 *lines* 8s.

1 Would Jesus have the sinner die?
Why hangs he then on yonder tree?
What means that strange expiring cry?
(Sinners, he prays for you and me:)
"Forgive them, Father, O forgive:
They know not that by me they live!"

2 Adam descended from above,
Our loss of Eden to retrieve;
Great God of universal love,
If all the world through thee may live,
In us a quick'ning Spirit be,
And witness thou hast died for me!

3 Thou loving, all-atoning Lamb,
Thee—by thy painful agony,
Thy bloody sweat, thy grief and shame,
Thy cross, and passion on the tree,
Thy precious death and life—I pray,
Take all, take all my sins away!

4 Wuh yee buh suh tuh o ne shkah,
Che wah sa yah zid dush:
Oh Je sus! a peech zahg 'e yong
Ke gee be oon je na!

NUHGUHMOWIN 19. 6 *lines* 8s.

1 E nain dum 'nuh Je sus mon oo
Che ne bood owh puh yah tah zid?
Wa go nain ewh wain je muh wid
Mon duh muh dwa e nuh da mood?
"Oh Noo sa mon oo zhuh wa nim
Mah mig ka de mah ge ze jig!"

2 Ish pe ming kee be oon je bah
Je sus wee noo je mo e nung,
Ke che Mun e doo, keesh pin suh
Wah noo je mo e wa wuh nan,
Mon oo owh ke che O je chog
Ning uh noo je mo e go non!

3 Keen Je sus zhuh wa ne me yong,
Ke gee ge che wee suh gain dum,
Kee uh bwa zo yun ewh me sque
Kuh ya kee uh goo ne goo yun,
Ke gee ne bo tah we min dush
Ewh che zhuh wain dah go ze yong!

4 O let me kiss thy bleeding feet,
And bathe and wash them with my tears;
The story of thy love repeat
In every drooping sinner's ears;
That all may hear the quick'ning sound,
Since I, even I, have mercy found!

5 O let thy love my heart constrain,
Thy love for every sinner free;
That every fallen soul of man
May taste the grace that found out me;
That all mankind with me may prove
Thy sovereign, everlasting love!

HYMN 20. 4 6s & 2 8s.

1 Let earth and heaven agree,
Angels and men be join'd,
To celebrate with me
The Saviour of mankind;
T' adore the all-atoning Lamb,
And bless the sound of Jesus' name.

2 Jesus, transporting sound!
The joy of earth and heaven;
No other help is found,
No other name is given,

4 Oh mon oo ne ze beeng wuh yun
'Guh ge zee bee ge ze da nin!
Che wah ween duh mah ga yon dush
Ewh a zhe me nwa ning a yun!
Kuh ke nuh che noon dah mo wod
Kah e zhe zhuh wa ne me yun.

5 Mon oo ke me nwa ning a win
Ning uh be moo shke na shkah goun,
Kuh ke nuh suh tong un duh moozh
Uh keeng ka de mah ge ze jig,
Mon duh kah zhuh wa ne me yun,
Kah ge ga zah ge e de win.

NUHGUHMOWIN 20. 4 6s & 2 8s.

1 Mon oo suh kuh ke nuh
Ning uh wee doo kah goog,
Che bah pe nah je mug
Kah noo je mo e nung;
Je sus, che mah moo yuh wuh mug
Kuh ya che muh me nwah je mug.

2 Je sus, ma no tuh ming!
Wain je moo je ge zing;
Ween a tuh mee ge wa
Ewh wee doo kah ga win,

By which we can salvation have;
But Jesus came the world to save.

3 Jesus, harmonious name!
It charms the hosts above;
They evermore proclaim,
And wonder at his love;
'Tis all their happiness to gaze:
'Tis heaven to see our Jesus' face.

4 His name the sinner hears,
And is from sin set free;
'Tis music in his ears,
'Tis life and victory:
New songs do now his lips employ,
And dances his glad heart for joy.

5 Stung by the scorpion sin,
My poor expiring soul
The balmy sound drinks in,
And is at once made whole:
See there my Lord upon the tree!
I hear, I feel, he died for me.

6 O unexampled love!
O all-redeeming grace!
How swiftly didst thou move
To save a fallen race!

Mee ewh zhuh wain dah go ze yung,
Je sus kee be ne bo to nung.

3 Je sus, ma no tuh ming
E we de ish pe ming;
Uh puh na kah ge nig,
O nah ne gwain duh moog;
Kuh nuh wah buh mah wod Je sus,
Ah pe je moo je ge ze wug.

4 Noon dung puh yah tah zid
Ah zhe noo je mo ah;
Ka gait dush me no tum,
A peech wuh we zhain dung;
Nuh nuh guh moo shid un dah go,
O nah nee me toon ewh o da.

5 Ne ne se go bun suh
Mah buh kah duh quuh mid,
Kah me ne qua yon dush,
Je sus o muh shke keem,
Mee go kah zhe noo je mo yon,
Wuh yah buh mug owh a goo jing.

6 Oh me nwa ning a win!
Oh wee doo kah ga win!
Ke gee be ke zhe kah
Wee noo je mo e yong!

What shall I do to make it known
What thou for all mankind hast done?

7 O for a trumpet-voice,
On all the world to call!
To bid their hearts rejoice
In Him who died for all!
For all my Lord was crucified:
For all, for all my Saviour died!

HYMN 21. C. M.

1 Jesus, the name high over all,
In hell, or earth, or sky,
Angels and men before it fall,
And devils fear and fly.

2 Jesus, the name to sinners dear,
The name to sinners given;
It scatters all their guilty fear:
It turns their hell to heaven.

3 Jesus the prisoner's fetters breaks,
And bruises Satan's head;
Power into strengthless souls it speaks,
And life into the dead.

Tah neen ka e zhe che ga yon,
Min ze che me nwah je me non?

7 Oh pa gish puh be gwun,
Poo dah je ga yom bon!
Nin dah pe bah ge mog
Ka moo je ge ze jig!
Kuh ke nuh go che noo je moong
Kee oon je na, Ta ba ning a!

NUHGUHMOWIN 21. C. M.

1 Je sus, nah gah ne ne kah zood,
Mah muh we go min ze!
Mee ewh zha guh shkee tuh mo wod,
Kuh ke nuh qua se kig.

2 Je sus, mee ewh kah mee nin dwah
'Kewh puh yah tah ze jig!
O wa bah sin duh mah go won,
Ko duh gan duh mo win.

3 Je sus o dah buh won e newh
Mainj' muh pe zo ne jin;
Pe mah de ze win o mee non
E newh na bo ne jin.

4 O that the world might taste and see
The riches of his grace!
The arms of love that compass me
Would all mankind embrace.

5 His only righteousness I show,
His saving truth proclaim:
'Tis all my business here below
To cry, "Behold the Lamb!"

6 Happy, if with my latest breath
I may but gasp his name;
Preach him to all, and cry in death,
"Behold, behold the Lamb!"

HYMN 22. L. M.

1 Of Him who did salvation bring,
I could for ever think and sing;
Arise, ye needy, he'll relieve;
Arise, ye guilty, he'll forgive.

2 Ask but his grace, and lo, 'tis given!
Ask, and he turns your hell to heaven:
Though sin and sorrow wound my soul,
Jesus, thy balm will make it whole.

4 Oh pa gish, uh keeng a yah jig,
Tong un duh mo wah pun!
Mon duh o zhuh wain je ga win,
Kah be me kah go yon.

5 Mee a tuh ewh o da bwa win,
Ka ween duh mah ga yon,
"Wah bum ik Mon uh ta ne sans,"
Ning uh .e zhe bee bog.

6 Ka gait nin dah zhuh wain dah gooz
Nuh nonzh go ne bo shon,
Mon duh che 'zhe bee bah ge yon,
"Wah bum ik owh Je sus!"

NUHGUHMOWIN 22. L. M.

1 Kah bee dood pe mah de ze win,
Kah ge nig ne me qua ne mah;
Puh ze gweeg, puh yah tah ze yaig,
Ke guh zhuh wa ne me go wah.

2 Un do duh muh waig suh mon duh
O noo je mo e wa win e,
Ke gah be nuh qua tah go wah,
Je sus che noo je mo e naig.

3 To shame our sins he blush'd in blood,
He closed his eyes to show us God;
Let all the world fall down and know,
That none but God such love can show.

4 'Tis thee I love, for thee alone
I shed my tears, and make my moan!
Where'er I am, where'er I move,
I meet the object of my love.

5 Insatiate to the spring I fly;
I drink, and yet am ever dry;
Ah! who against thy charms is proof?
Ah! who that loves can love enough?

HYMN 23. C. M.

1 Alas! and did my Saviour bleed?
And did my Sovereign die?
Would he devote that sacred head
For such a worm as I?

2 Was it for crimes that I have done,
He groan'd upon the tree?
Amazing pity! grace unknown!
And love beyond degree!

3 Mee go mon duh pah tah ze yung
Kah be oon je muh me squee wid;
Ke gee ne bo tah go non dush,
Che wah bum ung owh koo se non.

4 Mee suh mon duh zah ge e non,
Wain je zah ge ze beeng wa yon!
Pa bah e zhah yon kah ge nig,
Ne nuh qua shkuh wah owh Je sus.

5 Mee suh dush o mah tuh ke beeng
Ka oon je ko me ne qua yon;
Kah suh wee kah zah yah ge ik
Tah da buh ga ne mo she see.

NUHGUHMOWIN 23. C. M.

1 Ka gait 'nuh ning ee ne bo tog
Kah nuh non duh we id?
Ke che muh mon dah wuh kuh mig
Neen go kee oon je naid!

2 Mee nuh ewh nim bah tah ze win
Kah oon je uh goo nind?
Ka gait muh mon dah wuh kuh mig
Kee be zhuh wa ne mid!

3 Well might the sun in darkness hide,
And shut his glories in;
When Christ, the mighty Maker, died
For man the creature's sin!

4 Thus might I hide my blushing face,
While his dear cross appears;
Dissolve my heart in thankfulness,
And melt mine eyes to tears.

5 But drops of grief can ne'er repay
The debt of love I owe:
Here, Lord, I give myself away,
'Tis all that I can do.

BELIEVERS REJOICING.

HYMN 24. 4 6s & 2 8s.

1 Arise, my soul, arise,
Shake off thy guilty fears;
The bleeding Sacrifice
In my behalf appears;
Before the throne my Surety stands;
My name is written on his hands.

3 Quuh yuk suh kee gah dood kee zis,
O wah sa yah ze win;
Uh pee na bood Ta ba ning a
Wee noo je mo e waid.

4 Me quain duh mon kah doo duh wind
Ning e de mah gain dum;
Ning e da muh gud go nin da,
Mah moo yuh wain duh mon.

5 Kah ga goo ke mee ne se noon
Kee zhuh wa ne me yun;
Pe nuh, mee a tuh go nee yowh,
Pa ge de nuh moo non.

TUHYABWAYAINDUNGIG OMOOJEGEZE-WINEWAH.

NUHGUHMOWIN 24. 4 6s & 2 8s.

1 O ne shkaun nin je chog,
Waib' nun uh gwah skee win;
Ning ee bah ze gwee tog
Mah buh Kah oon je gaud,
Nee buh we o ge mah we ning,
Kah o zhe bee ood oon e jeeng.

2 He ever lives above,
For me to intercede,
His all-redeeming love,
His precious blood to plead;
His blood atoned for all our race,
And sprinkles now the throne of grace.

3 Five bleeding wounds he bears,
Received on Calvary;
They pour effectual prayers,
They strongly speak for me;
"Forgive him, O forgive," they cry,
"Nor let that ransom'd sinner die!"

4 The Father hears him pray,
His dear anointed One;
He cannot turn away
The presence of his Son:
His Spirit answers to the blood,
And tells me I am born of God.

5 My God is reconciled,
His pard'ning voice I hear;
He owns me for his child,
I can no longer fear;
With confidence I now draw nigh,
And "Father, Abba, Father," cry!

2 Kah ge nig ish pe ming
Nin duh nuh me at' mog,
Wah ween dung o me squeem
Kah be oon je gah nig;
Ke noo je mo e go non suh
Ain duh che yung ewh o me squeem.

3 Nah ning kee oon je gah,
Kee mah kuh guh nah mind,
Ka gait suh ning e che
Zhuh wa ne me go nun;
" Zhuh wa nim suh, Oh zhuh wa nim,
Che ne bo sig," nin de go nun!

4 Ka che O yoo se mind
O noon duh won e ko,
Ain do duh mah go jin,
E newh wa gwe se jin;
Ne ween duh mog, owh O je chog
Kee zhuh wa ne mid Koo se non.

5 Ning e zha Mun e doom,
Ning ee zhuh wa ne mig;
Ne moo je gain dum dush
O nee jah ne se mid;
Wa ne puzh dush nim be e zhah,
Noo sa dush che e ke do yon.

HYMN 25. C. M.

1 Come, let us who in Christ believe,
Our common Saviour praise;
To him, with joyful voices, give
The glory of his grace.

2 He now stands knocking at the door
Of every sinner's heart;
The worst need keep him out no more,
Or force him to depart.

3 Through grace we hearken to thy voice,
Yield to be saved from sin;
In sure and certain hope rejoice,
That thou wilt enter in.

3 Come quickly in, thou heavenly Guest,
Nor ever hence remove;
But sup with us, and let the feast
Be everlasting love.

HYMN 26. 8s & 7s.

1 Come, thou Fount of every blessing,
Tune my heart to sing thy grace;
Streams of mercy never ceasing,
Call for songs of loudest praise:

NUHGUHMOWIN 25. C. M.

1 Kee nuh wind tuh ya bwa tuh wung
Kah nuh non duh we nung;
Ke che mah moo yuh wuh mah dah
Kee zhuh wa ne me nung.

2 Noong oom go o wee quuh je aun
Puh yah tah ze ne jin;
Mon oo nuh sah ko nuh muh wik
E newh ke da e waun.

3 Mee ewh ke wee doo kah ga win,
Wain je noon dah goo yun;
Ka gait ne moo je gain dah min
Che be been de ga yun.

4 Mon oo wa weeb pe been de gain
Che wee jee we yong dush;
Kah ge ga zah ge e de win
Wee doo puh me she nom.

NUHGUHMOWIN 26. 8s & 7s.

1 Oon dah shon suh, ta bain duh mun,
Ke che zhuh wain je ga win;
Wuh wa zhe toon mon duh nin da,
Che nuh nuh guh mo too non

Teach me some melodious sonnet,
  Sung by flaming tongues above;
Praise the mount—I'm fix'd upon it:
  Mount of thy redeeming love!

2 Here I'll raise mine Ebenezer,
  Hither by thy help I'm come;
And I hope, by thy good pleasure,
  Safely to arrive at home.
Jesus sought me when a stranger,
  Wand'ring from the fold of God;
He, to rescue me from danger,
  Interposed his precious blood!

3 O! to grace how great a debtor
  Daily I'm constrain'd to be!
Let thy goodness, like a fetter,
  Bind my wand'ring heart to thee:
Prone to wander, Lord, I feel it;
  Prone to leave the God I love—
Here's my heart, O take and seal it
  Seal it for thy courts above!

Ke ke noo uh muh we shin suh,
Ish pe ming na guh mo wod;
Ke che me gwaich min je mee yon
Ke zhuh wain je ga win ing!

2 Kee gee duh gwe shim suh o mah
Che zhee be ne ka too non;
E na ne me wuh nan dush go
Mee nuh wah ning uh kee way;
Je sus ning ee me kog ma gwah
Puh bah wah ne she nom bon;
Mee ewh nuh neė zah ne ze yon
Kah oon je ne bo tuh wid!

3 Oh ka gait zhuh wain je ga win,
Ning e che muh ze nuh aun!
Mon oo zah ge e de win ing,
Min je muh pe doon nin da:
Na tah wuh ne she noong in suh
Nin de zhe ke de mah gis;
Ke mee nin nin da, Oh mon oo,
O dah pe nuh muh we shin.

HYMN 27. 8 *lines* 8s.

1 How tedious and tasteless the hours,
When Jesus no longer I see!
Sweet prospects, sweet birds, and sweet flowers,
Have all lost their sweetness to me:
The midsummer sun shines but dim,
The fields strive in vain to look gay;
But when I am happy in him,
December's as pleasant as May.

2 His name yields the richest perfume,
And sweeter than music his voice;
His presence disperses my gloom,
And makes all within me rejoice:
I should, were he always thus nigh,
Have nothing to wish or to fear,
No mortal so happy as I,
My summer would last all the year.

3 Content with beholding his face,
My all to his pleasure resign'd;
No changes of season or place
Would make any change in my mind;
While bless'd with a sense of his love,
A palace a toy would appear;
And prisons would palaces prove,
If Jesus would dwell with me there.

NUHGUHMOWIN 27. 8 *lines* 8s.

1 Ning e che ne sah nain dum ko,
Wah buh mah se wug owh Je sus;
Wah shko bung in o mah uh keeng
Ne wee suh ge pe dah nun ko:
Uh gah wuh ko wah sa yah ze
Ah be tuh nee be ne kee zis;
Uh pee dush zha wa ne me jin
Pe boon ke zis me nwah se ga.

2 E mah o de noo zo win ing,
Nin doon je ke che me no tum;
Wah jee we jin, ah pe je ko,
Ning e che o nah ne gwain dum:
Uh pa gish kah ge nig mee oowh
E zhe wee jee we pun Je sus,
Nin dah ge che bah pe nain dum,
Kuh ba pe boon, kuh ba nee bin.

3 Nee mee ko nuh wa yain dum suh,
Kee mee nug kuh ke nuh nin da;
Kah dush wee kah pa kah nuh kin
Nin dah wuh ne shqua go see nun:
Ma gwah suh puh guh kain duh mon
Mon duh o zah ge e wa win;
Nin dah ge che bah pe nam dum
Ka gait go Je sus wee jee wid.

4 Dear Lord, if indeed I am thine,
  If thou art my sun and my song,
Say why do I languish and pine?
  And why are my winters so long?
O drive these dark clouds from my sky,
  Thy soul-cheering presence restore:
Or take me to thee up on high,
  Where winter and clouds are no more.

HYMN 28. C. M.

1 My God, the spring of all my joys,
  The life of my delights,
The glory of my brightest days,
  And comfort of my nights!

2 In darkest shades, if thou appear,
  My dawning is begun:
Thou art my soul's bright morning star,
  And thou my rising sun.

3 The op'ning heavens around me shine
  With beams of sacred bliss,
If Jesus shows his mercy mine,
  And whispers I am his.

4 My soul would leave this heavy clay
  At that transporting word;

4 Nin doo ge mom, keesh pin ka gait
Neen go, ta ba ne me wuh nan,
Ah neesh ween nah pa jee wee yon?
Kuh ya moon zhug kuh wuh je shon?
Oh wa bah sin duh muh we shin
Mah min muh je ah nuh quah doon!
Ish pe ming tuh gwe she me shin
Ain duh goog ewh wah nuh kee win.

NUHGUHMOWIN 28. C. M.

1 Ning e zha Mun e doom, keen suh
Oon je bah muh guh doon,
Ne moo je gain duh mo win un,
Ain duh so kee zhe guk.

2 Keen oon je wah sa yah muh gud
Ewh puh suh go de bik
Keen suh ke dowh, nin duh nung oom,
Kuh ya ning ee ze soom.

3 Ke zhee wah sa yah muh gud suh
Kee we tah uh ye eē,
Je sus puh ween duh muh we jin,
Ween go te ba ne mid.

4 Noon duh mon dush kah e ke dood,
Wee mah jah nin je chog,

Run up with joy the shining way,
To see and praise my Lord.

5 Fearless of hell and ghastly death,
I'd break through every foe;
The wings of love, and arms of faith,
Would bear me conqu'ror through.

HYMN 29. 4 8s & 2 7s.

1 The voice of my Beloved sounds,
While o'er the mountain top he bounds;
He flies exulting o'er the hills,
And all my soul with transport fills:
Gently doth he chide my stay,
"Rise, my love, and come away."

2 The scatter'd clouds are fled at last,
The rain is gone, the winter's past,
The lovely vernal flowers appear,
The warbling choir enchants our ear;
Now with sweetly pensive moan,
Coos the turtle dove alone.

Wee uh we wah buh mod e newh
  Wa doo ge mah me jin.

5 Kah ween dush nin dah go tun zeen
  Ka we shkah ga muh guk;
Keesh pin wee jee we go yon ewh
  Ta bwa yain duh mo win.

NUHGUHMOWIN 29. 4 8s & 2 7s.

1 Zah yah ge ug, ne noon duh wah,
Wah je wing pah pee dwa we dum;
Pe ke che o nah ne go sa,
Ning e che dush moo je gain dum:
  Ne muh dwa pee bah ge mig,
  "Oon dos, zah yah ge e non."

2 Kee wa bah sin ewh ah nuh quood,
Ah zhe dush ish quah nee skah dud,
Muh me nwah be go nee muh gud,
Me nwah uh moog pe na sheē yug;
  Mee a tuh owh o mee mee
  Na nee nuh we tah go zid.

HYMN 30. C. M.

1 My Saviour, my almighty Friend,
  When I begin thy praise,
Where will the growing numbers end,—
  The numbers of thy grace?

2 Thou art my everlasting trust;
  Thy goodness I adore:
Send down thy grace, O blessed Lord,
  That I may love thee more.

3 My feet shall travel all the length
  Of the celestial road:
And march with courage in thy strength,
  To see the Lord my God.

4 Awake! awake! my tuneful powers,
  With this delightful song,
And entertain the darkest hours,
  Nor think the season long.

HYMN 31. L. M.

1 Before Jehovah's awful throne,
  Ye nations bow with sacred joy;
Know that the Lord is God alone,
  He can create, and he destroy.

NUHGUHMOWIN 30. C. M.

1 Ning e che nee je ke waih zee,
Na guh mo too nah nin,
Te be suh che doo ke sa gwain,
Mee gwaich che nain duh mon.

2 Keen suh nin duh pa ne moo win,
Kah zhuh wa ne me yun;
Pe nee se nuh muh we shin suh
Ke zhuh wain je ga win.

3 Mee dush che mah duh uh doo yon,
Ish pe ming a nuh moog;
Che uh we wah buh mug mah buh
Ning e zha Mun e doom.

4 Ko shko zin! che nuh guh mo yun,
Ka che me no tah gwuk;
Ka go ween ne sah nain dung ain,
Ka duh so kee zhe guk.

NUHGUHMOWIN 31. L. M.

1 Je ho vah a nah suh muh bid,
A yuh ne she nah ba we yaig;
Kuh ke nuh zhuh guh shkee tuh wik,
Ween mah a tuh Mun e doo we.

2 His sovereign power, without our aid,
Made us of clay, and form'd us men:
And when like wand'ring sheep we stray'd,
He brought us to his fold again.

3 We'll crowd thy gates with thankful songs,
High as the heavens our voices raise;
And earth, with her ten thousand tongues,
Shall fill thy courts with sounding praise.

4 Wide as the world is thy command;
Vast as eternity thy love;
Firm as a rock thy truth shall stand,
When rolling years shall cease to move

HYMN 32. *6 lines* 8s.

1 I'll praise my Maker while I've breath:
And when my voice is lost in death,
Praise shall employ my nobler powers;
My days of praise shall ne'er be past,
While life, and thought, and being last,
Or immortality endures.

2 O guh shke a we ze win ing,
Ween ke ge o zhe e go non;
Ma gwah dush go wuh ne she nung,
Ween ke gee be me kah go non.

3 Ke guh oom be nuh mah goo suh
Ne moo je ge ze win e non;
O nah ne gwah duh kuh mig suh
Uh keeng ka bah pe nain dung ig.

4 A ne go quog mon duh uh ke
Ta be sin ke guh gee qua win;
A ne go quog mon duh kee zhig,
Tuh chin ke zhuh wain je ga win.

5 Uh sin eeng tuh e zhe zoong un,
Mon duh ke ge che ta bwa win;
Ah zhe kee e shquah kee zhe guk
Ka yah be ke guh Mun e doowh.

NUHGUHMOWIN 32. *6 lines* 8s.

1 Ning uh mah moo yuh wuh mah suh,
Ne Mun e doom kah o zhe id,
Ka uh ko na sa she wah nan;
Kah ween ning uh gee shko wa see
Ka uh ko pe mah de ze yaun
Noo sa che mah moo yuh wuh mug.

2 Happy the man whose hopes rely
On Israel's God: he made the sky,
  And earth, and seas, with all their train:
His truth for ever stands secure;
He saves th' opprest, he feeds the poor,
  And none shall find his promise vain.

3 The Lord pours eyesight on the blind;
The Lord supports the fainting mind;
  He sends the labouring conscience peace;
He helps the stranger in distress,
The widow, and the fatherless,
  And grants the prisoner sweet release.

4 I'll praise him while he lends me breath;
And when my voice is lost in death,
  Praise shall employ my nobler powers:
My days of praise shall ne'er be past,
While life, and thought, and being last,
  Or immortality endures.

HYMN 33. L. M.

1 Jesus, thou everlasting King,
Accept the tribute which we bring;
Accept thy well-deserved renown,
And wear our praises as thy crown.

2 Ke che zhuh wain dah go ze suh
Owh a pa ne mood Mun e doom,
Uh nooj ka goo kah o zhe tood;
Zoong un ne ne o da bwa win!
O noo je mo aun kuh ke nuh
E newh qua duh ge ze ne jin.

3 Ta ba ning a o wah be aun;
E newh ka gee beeng wa ne jin;
Mee nod dush ewh un wa be win;
Ka de mah ge ze she ne jin,
Kuh ya kah gee we ze ne jin,
Kuh ke nuh o wee doo kuh won.

4 Ning uh mah moo yuh wuh mah suh,
Ka uh ko na sa she wah nan,
Nuh noonzh go che ne ne bo shon;
Kah ween wee kah ning uh e shquah
Mah moo yuh wuh mah see Je sus;
Nee go uh puh na kah ge nig.

NUHGUHMOWIN 33. L. M.

1 Je sus, kah ge ga O ge mah,
O dah pe nuh muh we she nom;
Mah min pah duh mah goo yuh nin
Ke che mah moo yuh wa win un.

2 Let every act of worship be
Like our espousals, Lord, to thee;
Like the glad hour when from above
We first received the pledge of love.

3 The gladness of that happy day,
O may it with us ever stay!
Nor let our faith forsake its hold,
Our hope decline, our love grow cold.

4 Each following moment, as it flies,
Increase thy praise, improve our joys,
Till we are raised to sing thy name,
At the great supper of the Lamb.

HYMN 34. C. M.

1 Come, let us join our cheerful songs
With angels round the throne;
Ten thousand thousand are their tongues,
But all their joys are one.

2 "Worthy the Lamb that died," they cry,
"To be exalted thus!"
"Worthy the Lamb!" our hearts reply;
"For he was slain for us."

2 Mon oo uh puh na kah ge nig,
Ning uh muh shkuh wain duh zhe min;
Wuh ya shkud go ma kah goo yun
Che e zhe zah ge e goo yun.

3 Kah e zhe moo je ge ze yong,
Uh pee ewh zha wa ne me yong;
Oh mon oo mee ewh kah ge nig,
Ka e zhe pah pe nain duh mong!

4 Aish kum che mah wun je too yong,
Mon duh moo je gain duh mo win;
Nuh nonzh e dush go ish pe ming,
Che ne nuh qua uh mah ga yong.

NUHGUHMOWIN 34. C. M.

1 Nuh qua uh muh wah dwah nig suh
Ish pe ming a yah jig;
Ka gait ko tah me gwee no wug
Puh yah pe nain dung ig.

2 O nuh guh mo tuh wah won suh
Kah be ne bo too nung;
Mee suh owh kuh ya kee nuh wind,
Ka nuh guh mo tuh wung.

3 Jesus is worthy to receive
Honour and power divine;
And blessings, more than we can give,
Be, Lord, for ever thine!

4 The whole creation join in one
To bless the sacred name
Of Him that sits upon the throne,
And to adore the Lamb.

HYMN 35. 8 *lines* 8s.

1 A Fountain of life and of grace,
In Christ, our Redeemer, we see:
For us, who his offers embrace,
For all, it is open and free:
Jehovah himself doth invite
To drink of his pleasures unknown;
The streams of immortal delight
That flow from his heavenly throne.

2 As soon as in Him we believe,
By faith of his Spirit we take;
And, freely forgiven, receive
The mercy for Jesus's sake:
We gain a pure drop of his love;
The life of eternity know;
Angelical happiness prove;
And witness a heaven below.

3 Je sus uh pee tain dah go zeh,
Ween ke che zah ge ind;
Che nee gah na ne me goo yun
Kah ge nig keen Je sus.

4 A ne go quog min ze uh keeng,
Tuh moo je guh uh moog,
Che nuh nuh puh guh mo wod 'newh
O doo ge mah me won.

NUHGUHMOWIN 35. 8 *lines* 8s.

1 See beeng e zhe je wun e ne,
Je sus o zhuh wain je ga win:
Kee nuh wind tuh ya bwa tuh wung,
Ke gee o zhe tuh mah go non.
Ween suh go owh Ta ba ning a,
Noong oom ke nun do me go non,
Che me ne qua yung kah ge ga,
Pe mah de ze win e ne be.

2 Ke mee ne goo min O je chog
Uh pee tuh yah bwa tuh wung oon;
Ke be zhuh wa ne me goo min
Je sus a pa ne mo yung oon!
Pung ee go mah ne goo yung oon
Mon duh o me nwa ning a win;
Kee zhah go ke dong un dah non,
A zhe wee shko bung ish pe ming.

FOR BELIEVERS FIGHTING.

HYMN 36. S. M.

1 O may thy powerful word
Inspire a feeble worm
To rush into thy kingdom, Lord,
And take it as by storm!

2 O may we all improve
The grace already given,
To seize the crown of perfect love,
And scale the mount of heaven!

HYMN 37. S. M.

1 Soldiers of Christ, arise,
And put your armour on,
Strong in the strength which God supplies,
Through his eternal Son:
Strong in the Lord of hosts,
And in his mighty power,
Who in the strength of Jesus trusts,
Is more than conqueror.

2 Stand, then, in his great might,
With all his strength endued;
But take, to arm you for the fight,
The panoply of God:

ANUHMEAHJIG MEEGAHZOWOD.

NUHGUHMOWIN 36. S. M.

1 Oh mon oo ma shkuh wuk
  Ke ween duh mah ga win;
Ning uh peen de ga win e goon,
  Ke doo ge mah win ing!

2 Oh mon oo kuh ke nuh
  Ning uh uh yoo nah nin,
Ka duh gwe she me go yong in
  E we de ish pe ming!

NUHGUHMOWIN 37. S. M.

1 She mah guh ne she dook,
  Um ba suh uh shwee yook,
Je sus guh wee doo kah go wah,
  Che muh shkuh we zee yaig:
Ko tah me gwee wee suh
  Mah buh Ta ba ning a
Wa gwain ka uh pa ne mo gwain
  Mee owh ma monzh e twod.

2 Zoong e gah buh we yook,
  Mong wuh dah se we dook:
Ain do buh ne yaig uh yah mook,
  Ah goo she moo no win:

That, having all things done,
And all your conflicts pass'd,
Ye may o'ercome, through Christ alone,
And stand entire at last.

HYMN 38. C. M.

1 When I can read my title clear
To mansions in the skies,
I'll bid farewell to every fear,
And wipe my weeping eyes.

2 Should earth against my soul engage,
And fiery darts be hurl'd,
Then I can smile at Satan's rage,
And face a frowning world.

3 Let cares like a wild deluge come,
Let storms of sorrow fall;
So I but safely reach my home,
My God, my heaven, my all:

4 There I shall bathe my weary soul
In seas of heavenly rest,
And not a wave of trouble roll
Across my peaceful breast.

Ah zhe dush kuh ke nuh
  Kee goo puh je a gwah;
Ke guh nee buh we e go wah
  Ke doo ge mah me wah.

NUHGUHMOWIN 38. C. M.

1 Uh pee qua yuh quain duh mon in
  Ish pe ming e zhah yon,
Kuh ke nuh uh gwuh skee win un,
  Nim buh ka we doo nun.

2 Me suh wah uh keeng a yah gin,
  Mah mee gah ne go yon;
Kah bah pish nin dah go sah see,
  Muh je mon e ze win.

3 Pooch go pe go tah me gwee nuk,
  Me go skah de ze win;
Ning uh wee da duh gwe shin suh
  Ish pe ming ka dah yon.

4 Mee dush e we de ka duh zhe
  Uh nwa bid nin je chog,
Kah wee kah ko duh ge ze win,
  Ning uh ke kain duh zeen.

HYMN 39. C. M.

1 Am I a soldier of the cross,
A follower of the Lamb?
And shall I fear to own his cause,
Or blush to speak his name?

2 Must I be carried to the skies
On flowery beds of ease;
While others fought to win the prize,
And sail'd through bloody seas?

3 Are there no foes for me to face?
Must I not stem the flood?
Is this vile world a friend to grace,
To help me on to God?

4 Sure, I must fight, if I would reign;
Increase my courage, Lord;
I'll bear the toil, endure the pain,
Supported by thy word.

5 Thy saints in all this glorious war
Shall conquer, though they die;
They see the triumph from afar,
By faith they bring it nigh.

6 When that illustrious day shall rise,
And all thy armies shine
In robes of victory through the skies,
The glory shall be thine.

NUHGUHMOWIN 39. C. M.

1 Mee nuh ewh Ah zhe da yah tig,
Wain je un do buh ne yon?
Ning uh zhah gwa nim nuh Je sus?
Che muh me nwah je mug?

2 Wa ne puzh nuh go ish pe ming,
Nin dah da duh gwe shin?
Ma gwah ween kee mee gah zo wod
Kah be nee gah nee jig?

3 Kah nuh ween go uh yah see wug,
Ka mah mee gah nuh gig?
Nin dah duh gwe shin nuh keesh pin
Ah nuh wain je ga yon?

4 Keesh pin wah noo je mo wah nan,
Nin dah mong wuh dah seewh;
Ta ba ning a, wee je e shin,
Che zhuh zhee bain duh mon.

5 Kuh ke nuh ta ba ne muh jig,
Tuh muh mon zhe twah wug;
O da bah bun dah nah wah go
Ka we tuh nuh kee wod.

6 Uh pee kee mah wun doo nuh dwah
Ka wah sa yah ze jig;
Ke guh sah quah duh mah goog suh
Ka bah pe nain dung ig!

BELIEVERS PRAYING.

HYMN 40. S. M.

1 The praying Spirit breathe,
The watching power impart:
From all entanglements beneath
Call off my peaceful heart:
My feeble mind sustain,
By worldly thoughts oppress'd;
Appear, and bid me turn again
To my eternal rest.

2 Swift to my rescue come,
Thy own this moment seize;
Gather my wand'ring spirit home,
And keep in perfect peace:
Suffer'd no more to rove
O'er all the earth abroad,
Arrest the pris'ner of thy love,
And shut me up in God.

HYMN 41. 4 *lines* 7s.

1 Lord, we come before thee now,
At thy feet we humbly bow;
O do not our suit disdain!
Shall we seek thee, Lord, in vain?

TUHYABWAYAINDUNGIG PUHGWESANEMOWOD

NUHGUHMOWIN 40. S. M.

1 Uh nuh me ah win e
O je chog meen zhe shin;
Wa ne shqua e go yah nin dush
E ko nuh muh we shin:
Puh ya jee wee muh guk
Nin de nain duh mo win,
Mon oo wee doo kuh muh we shin
Che muh shkuh wain duh mon.

2 Pe wa wee be ton suh,
Che de ba ne me yun;
Pe zuh guh ke nuh muh we shin
Nin de nain duh moo win:
Kah ween dush ka yah be
Min ze o mah uh keeng,
Tuh uh ye zhah muh guh se noon
Nin de nain duh mo win.

NUHGUHMOWIN 41. 4 *lines* 7s.

1 Ta ba ning a noong oom suh
Ke be zhuh guh shkee tah goo;
Oh! tuh guh kah ween a shquoch
Ke gah guh noo ne goo see?

2 Lord, on thee our souls depend;
In compassion now descend:
Fill our hearts with thy rich grace,
Tune our lips to sing thy praise.

3 In thine own appointed way,
Now we seek thee, here we stay;
Lord, we know not how to go,
Till a blessing thou bestow.

4 Send some message from thy word,
That may joy and peace afford;
Let thy Spirit now impart
Full salvation to each heart.

5 Comfort those who weep and mourn,
Let the time of joy return:
Those that are cast down lift up;
Make them strong in faith and hope.

6 Grant that all may seek and find,
Thee a gracious God, and kind;
Heal the sick, the captive free;
Let us all rejoice in thee.

2 Ta ba ning a, keen ke dowh,
Noong oom a pa ne mo yong;
Ta bah oo zhe she nom suh
Ewh ke zhuh wain je ga win.

3 Kah e zhe ke ke me yong,
Ke wee e zhe me kah goo;
Pah mah nin dah gee wa min
Je sus, kee me kah goo yun.

4 Mon oo suh meen zhe she nom,
Moo je gain duh mo win un;
Mon oo ke che o je chog
Ning uh onj e e go non.

5 Pe me no da aish kowh suh,
Ka de mah ge da a jig;
Muh shkuh we gah bun we suh,
Mah mig puh ya jee wee jig.

6 Mon oo ke guh me kah goog,
Ka buh gwe sa ne me kig;
Noo je mo e wa yun dush,
Ning uh moo je gain dah min.

HYMN 42. C. M.

1 Come, Holy Spirit, heavenly Dove,
With all thy quick'ning powers;
Kindle a flame of sacred love
In these cold hearts of ours.

2 Look how we grovel here below,
Fond of these earthly toys;
Our souls how heavily they go,
To reach eternal joys!

3 In vain we tune our formal songs,
In vain we strive to rise;
Hosannas languish on our tongues,
And our devotion dies.

4 Father, and shall we ever live
At this poor dying rate?
Our love so faint, so cold to thee,
And thine to us so great!

5 Come, Holy Spirit, heavenly Dove,
With all thy quick'ning powers;
Come, shed abroad the Saviour's love,
And that shall kindle ours.

NUHGUHMOWIN 42. C. M.

1 Oon dah shon ke che O je chog,
Pee doon dush kuh ke nuh;
Ka oon je pah pe nain duh mong
Nin da e nong pee doon.

2 Wah buh me she nom nee nuh wind,
Ka de mah ge ze yong;
Oon zom suh nim ba jee wee min
Ish pe ming wee 'zhah yong.

3 Ne nee nuh we tah go ze min,
Na nuh guh mo shong in;
Ne mah moo yuh wa win e non,
Noon da ko tuh ke sin.

4 Noo se non, mee nuh uh puh na,
Ka 'zhe pa jee wee yong?
Oon zom pung ee zah ge 'goo yun,
Zah ge e yong dush keen?

5 Oon dah shon ke che O je chog,
Zhuh wa ne me she nom;
Moo shke nuh toon nin da e nong,
Pah pe nain duh mo win.

HYMN 43. S. M.

1 My God, my life, my love,
To thee, to thee I call:
I cannot live if thou remove,
For thou art all in all.

2 Thy shining grace can cheer
This dungeon where I dwell:
'Tis paradise when thou art here,
If thou depart 'tis hell.

3 The smilings of thy face,
How amiable they are!
'Tis heaven to rest in thine embrace,
And nowhere else but there.

4 To thee, and thee alone,
The angels owe their bliss;
They sit around thy gracious throne,
And dwell where Jesus is.

5 To thee my spirits fly,
With infinite desire:
And yet how far from thee I lie!
O Jesus, raise me higher!

NUHGUHMOWIN 43. S. M.

1 Ning e zha Mun e doom,
Keen ke nuh non do min:
Kah nin dah pe mah de ze see
Keesh pin nuh guh zhe yun.

2 Ke wah sa yah ze win,
Ne wah sa shkuh mah goon;
Ka gait ke che o nah ne gwud,
Je sus wah jee we jin.

3 Ke che o ne she shin,
Shoo meeng wa tuh we yun!
Ish pe ming go e nain dah gwud
Ewh pa shwa ne me non.

4 Keen suh oon je me no,
Uh yah wug an gel nug;
Ke che o nah ne gwain duh moog,
Wee jee wah wod Je sus.

5 Ke che guh ga tin suh
Ke be nah ze koon keen;
Oon zom mah wah suh ne nee bowh,
Oh we ko be ne shin!

HYMN 44. S. M.

1 Jesus, I fain would find
Thy zeal for God in me,
Thy yearning pity for mankind,
Thy burning charity.

2 In me thy Spirit dwell!
In me thy bowels move!
So shall the fervour of my zeal
Be the pure flame of love.

HYMN 45. C. M.

1 Lord, all I am is known to thee;
In vain my soul would try
To shun thy presence, or to flee
The notice of thine eye.

2 Thy all-surrounding sight surveys
My rising and my rest,
My public walks, my private ways,
The secrets of my breast.

3 My thoughts lie open to thee, Lord,
Before they're form'd within;
And ere my lips pronounce the word,
Thou know'st the sense I mean.

NUHGUHMOWIN 44. S. M.

1 Je sus uh pa gish nah,
Ke gesh kuh mom bon ewh,
Ke ge de mah ga ning a win,
Kah wah bun duh e yong.

2 Mon oo suh Ke je chog,
Ning uh ge gesh kuh wah!
Che moo shke na shkah go yon dush
Ke zah ge e de win.

NUHGUHMOWIN 45. C. M.

1 Ta ba ning a, ke wuh weeng a,
Ke ka nim ain de shon;
Nin dah ah nuh wa wiz keesh pin,
Wee gah zoo too ne non.

2 Ke ge che quuh yuh quah be win,
Ne wah wah buh me goon,
Mon duh a zhe wa be ze yon,
Kuh ya a nain duh mon.

3 Min zhe shuh go ke wah bun don
Mon duh a nain duh mon,
Che bwah suh go kee ge do yon,
Kuh yut ke ge kain don.

4 O wondrous knowledge! deep and high!
 Where shall a creature hide?
Within thy circling arms I lie,
 Beset on every side.

5 So let thy grace surround me still,
 And like a bulwark prove,
To guard my soul from every ill,
 Secured by sovereign love.

BELIEVERS WATCHING.

HYMN 46. L. M.

1 Eternal Power, whose high abode
Becomes the grandeur of a God,
Infinite lengths beyond the bounds
Where stars revolve their little rounds!

2 Thee, while the first archangel sings,
He hides his face behind his wings;
And ranks of shining thrones around
Fall worshipping, and spread the ground.

3 Lord, what shall earth and ashes do?
We would adore our Maker too!
From sin and dust to thee we cry,
The Great, the Holy, and the High.

4 Oh ke che ke kain je ga win,
Ka gait te mee muh gud!
Ah neen ka e zhe kah zo pun,
Ke ne kong zhang e shing?

5 Mon oo ke wee doo kah ga win
Ning uh wee doo kah goon,
Che ne kee we tah shkah go yon
Ke zah ge e wa win.

ANUHMEAHJIG UHKUHWAHBEWOD.

NUHGUHMOWIN 46. L. M.

1 Kah ge ga ke che Mun e doo
Qua tah me gwain dah go ze yun;
Min ze suh ke moo shke na shkon
Wah suh e we de kee zhe goong,

2 Uh pee ko na guh mo too kin
Mah buh nah gah ne zid an gel,
Kuh ke nuh zhuh guh shkee tah wug
E gewh wuh yah sa yah ze jig,

3 Mee uh nooj kuh ya nee nuh wind
A zhe zhuh guh shkee tah goo yun!
Ma gwa wee yuh guh saih ye shing
Ke doon je pee bah ge me goo?

4 Earth from afar hath heard thy fame,
And worms have learn'd to lisp thy name;
But, O! the glories of thy mind
Leave all our soaring thoughts behind!

5 God is in heaven and men below:
Be short our tunes, our words be few!
A solemn rev'rence checks our songs,
And praise sits silent on our tongues.

HYMN 47. S. M.

1 A charge to keep I have,
A God to glorify;
A never-dying soul to save,
And fit it for the sky.
To serve the present age,
My calling to fulfil;—
O may it all my powers engage
To do my Master's will!

2 Arm me with jealous care,
As in thy sight to live;
And O! thy servant, Lord, prepare
A strict account to give!
Help me to watch and pray,
And on thyself rely;
Assured, if I my trust betray,
I shall for ever die.

4 Min ze uh keeng kee noon duh moog,
Mon duh te bah je me goo yun;
Kah suh dush ween go kuh ke nuh,
Ke da ge ka ne me goo see!

5 Mun e doo ish pe ming uh yah,
Uh keeng dush ween e ne ne wug!
In duh wah suh dush go pa kah
Ning uh mah muh kah dain dah min.

NUHGUHMOWIN 47. S. M.

1 Che uh no kee too non
Noo sa nin duh yah nun;
Che wee kee zhee tod nin je chog
Ish pe ming wee e zhod.
Ke nun duh wa nim suh
Che uh no kee too non;
Oh mon oo ong wah me e shin,
Qui yuk che 'num' ah yon,

2 Wuh wa zhe e shin suh,
Che uh gah san' mo yon;
Che da kee zhee tah yon, Noo sa,
Uh pee nuh qua shkoo non.
Wee doo kuh we shin suh,
Che uh kuh wah be yon,
Kuh ya che uh nuh me ah yon,
Wee pe mah de ze yon.

BELIEVERS SUFFERING.

HYMN 48. 8s & 6s.

1 Come on, my partners in distress,
My comrades through the wilderness,
Who still your bodies feel;
Awhile forget your griefs and fears,
And look beyond this vale of tears,
To that celestial hill.

2 Beyond the bounds of time and space,
Look forward to that heavenly place,
The saints' secure abode:
On faith's strong eagle-pinions rise,
And force your passage to the skies,
And scale the mount of God.

3 Who suffer with our Master here,
We shall before his face appear,
And by his side sit down:
To patient faith the prize is sure;
And all that to the end endure
The cross, shall wear the crown.

4 Thrice blessed, bliss-inspiring hope!
It lifts the fainting spirits up;
It brings to life the dead:

ANUHMEAHJIG OJAHNEMEZEWOD.

NUHGUHMOWIN 48. 8s & 6s.

1 Pe mah jah yook, wah jee we yaig,
O jah ne main duh mo win ing,
Ka yah be a yah yaig:
Wa ne bik suh wuh nain duh mook,
Wa jah ne me e go ya goon,
Nee gon che 'nah be yaig.

2 Ish pe ming suh, e nah be yook,
Ain dah wod kah ne bwah kah jig;
Quuh nah je wuh ne ne;
Ke che ta bwa yain duh mo win,
Mon oo o ning wee guh ne yook,
Che oom be shkah yaig dush.

3 Ke doo ge mah me non Je sus,
Oon je ko duh ge e goo yung,
Ke guh wah buh mah non;
Kuh ke nuh ma shkuh wain dung ig.
Tuh mee nah wug wee wuh quah nun
Pa she gain dah gwuh kin.

4 Ke che wee doo kah ga muh gud,
Mon duh puh gwe sain duh mo win;
Nwah je mo e go yung;

Our conflicts here shall soon be past,
And you and I ascend at last,
Triumphant with our Head.

5 That great mysterious Deity
We soon with open face shall see;
The beatific sight
Shall fill heaven's sounding courts with praise,
And wide diffuse the golden blaze
Of everlasting light.

6 The Father shining on his throne,
The glorious co-eternal Son,
The Spirit, one and seven,
Conspire our rapture to complete;
And lo! we fall before his feet,
And silence heightens heaven.

7 In hope of that ecstatic pause,
Jesus, we now sustain the cross,
And at thy footstool fall;
Till thou our hidden life reveal,
Till thou our ravish'd spirits fill,
And God is all in all.

Wuh yee buh suh ke guh e shquah,
Me go skah dain dah min uh keeng,
Che 'zhah yung ish pe ming.

5 Ka gait go ke che Mun e doo,
Min zhe shuh 'guh wah buh mon on ,
Ka che quuh nah je wid!
Tuh ke che me nwa wa muh gud,
Ke mah moo yuh wa win e non,
Wah sa yah ze win ing.

6 Wa yoo se mind, Wa gwe se mind,
Kuh ya Pah ne zid O je chog,
Ke guh wah buh mon on;
Ke guh moo je gain dah min dush,
Wah buh mung wa ge mah wuh bid,
Kah ge ga Mun e doo.

7 Mee ewh wee da duh gwe she nong,
Wain je puh gwe sa ne mo shong,
Zhuh guh shkee tah goo yun;
Pah mah ning uh wah bun dah non
Ewh ka moo shke na shkah go yong
Ke Mun e doo we win!

BELIEVERS TRUSTING IN GOD.

HYMN 49. 7s, 6s, & 1 8.

1 Vain, delusive world, adieu!
With all of creature good,
Only Jesus I pursue,
Who bought me with his blood!
All thy pleasures I forego,
I trample on thy wealth and pride,
Only Jesus will I know,
And Jesus crucified.

2 Other knowledge I disdain,
'Tis all but vanity;
Christ, the Lamb of God, was slain,
He tasted death for me!
Me to save from endless wo
The sin-atoning Victim died!
Only Jesus will I know,
And Jesus crucified!

3 Turning to my rest again,
The Saviour I adore;
He relieves my grief and pain,
And bids me weep no more.

ANUHMEAHJIG UHPANEMOWOD KEZHA MUNEDOON.

NUHGUHMOWIN 49. 7s, 6s, & 1 8.

1 Wuh ne shqua ze we ne shun,
Nim buh ka we doo nun!
Mee a tuh go owh Je sus,
Ka wee noo pe nuh nug;
Wa ya zhing a muh guh kin,
Kuh ke nuh ne wa be nah nun;
Mee a tuh go owh Je sus,
Ka wee ke ka ne mug.

2 Kah ween ka goo pa kah nuk,
Ne wee ke kain duh zeen;
Mee a tuh go owh Je sus,
Kah be ne bo tuh wid.
Che go duh ge ze se won,
Kee be oon je na owh Je sus;
Mee a tuh go owh Je sus,
Ka wee ke ka ne mug.

3 Kuh ga tin nah ze kuh mon,
Ewh nin duh nwa be win;
Kah noo je mo id nin dig,
"Ka go ween muh we kain."

Rivers of salvation flow
  From out his head, his hands, his side.
Only Jesus will I know,
  And Jesus crucified.

4 Here will I set up my rest,
  My fluctuating heart
From the haven of his breast
  Shall never more depart.
Whither should a sinner go?
  His wounds for me stand open wide:
Only Jesus will I know,
  And Jesus crucified.

HYMN 50. L. M.

1 Jesus, my all, to heaven is gone;
He whom I fix my hopes upon:
His track I see, and I'll pursue
The narrow way, till him I view.

2 The way the holy prophets went,
The road that leads from banishment;
The King's highway of holiness
I'll go, for all his paths are peace.

3 This is the way I long have sought,
And mourn'd because I found it not;

Noo je mo e wa win un,
  Je sus oong oon je je wuh noon:
Mee a tuh go owh Je sus,
  Ka wee ke ka ne mug.

4 O zhuh wain je ga win ing,
  Ning uh uh toon nin da;
Kah wee kah dush mee nuh wah
  Ning uh nuh guh nah see.
Wa nain ka e zhah shom bon?
  Mee ge neen owh kah me squee wid:
Mee a tuh go owh Je sus,
  Ka wee ke ka ne mug.

NUHGUHMOWIN 50. L. M.

1 Je sus ish pe ming kah e zhod,
Mee suh owh a pa ne mo yon;
Ne wah bun don kah ne e zhod,
Kuh ya neen ka ne e zhah yon.

2 Kah ne 'zhah wod, kahn 'bwah kah jig,
Mee kons quuh yuk a nuh mo nig;
Kuh ya neen ka mahd' uh doo yon,
Mee kons ka che zhuh wain dah gwuk.

3 Mee suh owh kah muh na zė yon,
Kah oon je ke de mahg 'ze shon;

My grief a burden long has been,
Because I was not saved from sin.

4 The more I strove against its power,
I felt its weight and guilt the more;
Till late I heard my Saviour say,
"Come hither, soul, I AM THE WAY."

5 Lo! glad I come, and thou, blest Lamb,
Shall take me to thee, whose I am;
Nothing but sin have I to give,
Nothing but love shall I receive.

6 Then will I tell to sinners round
What a dear Saviour I have found;
I'll point to thy redeeming blood,
And say, "Behold the way to God!"

HYMN 51. C. M.

1 God moves in a mysterious way
His wonders to perform;
He plants his footsteps in the sea,
And rides upon the storm.
Deep, in unfathomable mines
Of never-failing skill,
He treasures up his bright designs,
And works his sovereign will.

Kee' ka ne muh se wug mah buh
Ke zha Mun e doo O gwe sun.

4 Ke nwainzh dush kuh gee beeng wa yon,
Aish kum ning ee ke de mah gis;
Noo muh yuh dush nah pe jee nug,
Ning ee be zhuh wa ne me goo.

5 Ne wuh we zhain dum pe 'zhah yon,
Che o dah pe ne yun dush keen;
Wah suh nin duh puh ge dah nun,
Ning uh gee bah de ze win nun.

6 Ka de mah ge ze jig min ze,
Ning uh bah bah ween duh muh wog,
Che me kuh wah wod Koo se non,
Ning uh e zhe noo uh muh wog!

NUHGUHMOWIN 51. C. M.

1 Mun e doo a ye zhe che gaid,
Muh mon dah wuh kuh mig;
Ke che guh meeng puh bah mo sa,
Ma mong ah shkah ne gin.
Ke che de mee muh guh de ne,
Ewh o ne bwah kah win;
Ah pe je o gwuh yuh quain don
Ka 'zhe wee doo kah gaid.

2 Ye fearful saints, fresh courage take!
The clouds ye so much dread
Are big with mercy, and shall break
In blessings on your head.
Judge not the Lord by feeble sense,
But trust him for his grace;
Behind a frowning providence
He hides a smiling face.

3 His purposes will ripen fast,
Unfolding every hour;
The bud may have a bitter taste,
But sweet will be the flower.
Blind unbelief is sure to err,
And scan his work in vain:
God is his own Interpreter,
And he will make it plain.

TRAVELLING BY WATER.

HYMN 52. 7s.

1 Lord, whom wind and seas obey,
Guide us through the watery way;
In the hollow of thy hand,
Hide, and bring us safe to land.

2 Kee nuh wah suh qua tah je yaig,
Muh shkuh wain duh mo yook;
Tuh wa bah sin ewh ah nuh quood,
Nah skah je e go yaig.
Kah ween e nain dah go ze see,
Oowh a zhe uh yah shung;
Ke wee me no doo dah go wah,
Sa nuh ge ze ya goon.

3 Wuh yee buh tuh e zhe che ga,
Mon duh a ye nain dung;
Kuh ke nuh che wee shko be tood,
Mah min wah suh gung in.
Ne tah bah tah e wa muh gud,
Ah go nwa tuh mo win;
Ka gait dush ween go tuh ta bwa
Mun e doo a ke dood.

WAHBEMESHKONGIN.

NUHGUHMOWIN 52. 7s.

1 Ta ba ning a, mon oo suh,
Kuh nuh wa ne me she nom;
Ka uh peech pe me shkah yong
Nuh nonzh go che gah bah shong.

2 Jesus, let our faithful mind
Rest, on thee alone reclined;
Every anxious thought repress,
Keep our souls in perfect peace.

3 Keep the souls whom now we leave,
Bid them to each other cleave;
Bid them walk on life's rough sea;
Bid them come by faith to thee.

4 Save, till all these tempests end,
All who on thy love depend;
Waft our happy spirits o'er;
Land us on the heavenly shore.

PRAYING FOR FULL REDEMPTION.

HYMN 53. C. M.

1 O for a heart to praise my God,
A heart from sin set free!
A heart that always feels thy blood,
So freely spilt for me.

2 A heart resign'd, submissive, meek,
My great Redeemer's throne:
Where only Christ is heard to speak,
Where Jesus reigns alone.

2 Je sus, mon oo keen a tuh,
Ning uh uh pa ne mo min;
Che za ge ze se wong dush
Na nee zah ne ze yong in.

3 Kuh nuh wa ne mah shin suh
Noon goom na guh nung e jig;
Mon oo tuh ge zhee kah wug,
Che ne noo pe nuh ne quah.

4 Wee doo kuh we she nom ko
Gwa tah me gwah ne muh kin;
Che buh guh mah she yong dush,
A nah she yong ish pe ming.

AINDODUHMAHGANGIN KECHE′ PEENEZEWIN.

NUHGUHMOWIN 53. C. M.

1 Oh uh pa gish nah nin da ing,
Moo je ge ze yom bon,
Too ke da a shkah go yom bon,
Ewh Je sus O me squeem!

2 Pa gish mee nuh ge bun nin da,
Kah nuh non duh we id!
Je sus a tuh che noon duh wug
E mah ain duh nuh bid!

3 O for a lowly, contrite heart,
Believing, true, and clean!
Which neither life nor death can part
From Him that dwells within.

4 A heart in every thought renew'd,
And full of love divine;
Perfect, and right, and pure, and good,
A copy, Lord, of thine.

5 Thy tender heart is still the same,
And melts at human wo;
Jesus, for thee distress'd I am,
I want thy love to know.

HYMN 54. L. M.

1 O that my load of sin were gone!
O that I could at last submit
At Jesus' feet to lay it down,
To lay my soul at Jesus' feet!

2 Rest for my soul I long to find:
Saviour of all, if mine thou art,
Give me thy meek and lowly mind,
And stamp thine image on my heart.

3 Oh uh pa gish uh yah mom bon
Ka che peen uk o da!
Puh ka we nah se wuh ge bun
Wah jee wid nin da ing.

4 Moo shke na ge bun nin da ing,
Ke zah ge e de win;
Ke ge shkuh mom bon kuh ke nuh
Ke de nain duh mo win.

5 Ka yah be ke de zhe da a,
Che zhuh wa ne me yong:
Oh Je sus, ne nun duh wain don,
Che ge ka ne me non!

NUHGUHMOWIN 54. L. M.

1 Oh uh pa gish, mah jah muh guk,
Mon duh nim bah tah ze win ish,
Kuh shke too yom bon o ze dong
Je sus che duh na ne mo shon!

2 Che uh nwa bid suh nin je chog
Nin de zhe un duh wa ne moosh:
Mon oo meenzh e shin nin da ing,
Ke de nain dah go ze win un.

3 Break off the yoke of inbred sin;
And fully set my spirit free:
I cannot rest till pure within,
Till I am wholly lost in thee.

4 Fain would I learn of thee, my God;
Thy light and easy burden prove,
The cross, all stain'd with hallow'd blood,
The labour of thy dying love.

5 I would, but thou must give the power;
My heart from every sin release;
Bring near, bring near, the joyful hour,
And fill me with thy perfect peace.

6 Come, Lord, the drooping sinner cheer,
Nor let thy chariot wheels delay:
Appear, in my poor heart appear!
My God, my Saviour, come away!

HYMN 55. C. M.

1 Come, O my God, the promise seal,
This mountain, sin, remove:
Now in my gasping soul reveal
The virtue of thy love.

3 Puh quah ko be duh muh we shin,
Ning uh gee bah de ze win un;
Kah ween nin dah uh nwa be see,
Keesh pin zhuh wa ne me se wun.

4 Ke che Mun e doo mee uh nooj,
Wee ge ke nuh wah buh me non;
Che ne be me ne gah duh mon,
Ah zhe da yah tig ma squee wung.

5 Wee doo kuh we yun suh a tuh,
Nin dah oon je pee ne da a;
Pee doon, pe doon, wa ne zhe shing,
Ke che bah pe nain duh mo win.

6. Oon dah shon suh, Nin doo ge mom,
Zhuh wa nim, ka de mah ge zid;
Pe nah go zin suh nin da ing,
Wa weeb pe zhuh wa ne me shin!

NUHGUHMOWIN 55. C. M.

1 Oon dah shon, Oh ne Mun e doom,
Pe zhuh wa ne me shin;
Mon oo uh toon nin je chah goong,
Ke me nwa ning a win.

2 I want thy life, thy purity,
Thy righteousness, brought in;
I ask, desire, and trust in thee,
To be redeem'd from sin.

3 For this, as taught by thee, I pray,
And can no longer doubt;
Remove from hence! to sin I say;
Be cast this moment out!

4 Anger and sloth, desire and pride,
This moment be subdued;
Be cast into the crimson tide
Of my Redeemer's blood.

5 Saviour, to thee my soul looks up,
My present Saviour thou!
In all the confidence of hope
I claim the blessing now.

6 'Tis done: thou dost this moment save,
With full salvation bless;
Redemption through thy blood I have,
And spotless love and peace.

2 Pee ne ze win, ne wee uh yon,
Kuh ya ne bwah kah win;
Che ah pe je pee ne ze yon,
Ke buh gwe sa ne min.

3 Ke de zhe un do duh moon suh,
Ewh kah e ke do yun;
"Mah jon suh noong oom," nin de don,
Ewh pah tah ze win ish;

4 "Muh je e nain duh mo win un
Kuh ke nuh mah jah yook;
Wa bah bo go yook suh e mah
Je sus o me squee ming."

5 Je sus, ke buh gwe sah buh mig,
Wowh nin je chog, noong oom!
Nin da bwa yain dum suh noong oom,
Che zhuh wa ne me yun!

6 Mee go ka gait noong oom ah zhe,
Pe noo je mo e yun;
Ke me squee ming suh nin doon je,
Ke che zhuh wain dah gooz.

HYMN 56. C. M.

1 Let Him to whom we now belong
His sovereign right assert,
And take up every thankful song,
And every loving heart.

2 He justly claims us for his own
Who bought us with a price;
The Christian lives to Christ alone,
To Christ alone he dies!

3 Jesus, thine own at last receive,
Fulfil our hearts' desire;
And let us to thy glory live,
And in thy cause expire.

4 Our souls and bodies we resign;
With joy we render thee
Our all, no longer ours, but thine
To all eternity.

HYMN 57. 4 8s & 2 6s.

1 O Love divine, how sweet thou art!
When shall I find my willing heart
All taken up by thee?
I thirst, I faint, I die to prove
The greatness of redeeming love,
The love of Christ to me.

NUHGUHMOWIN 56. C. M.

1 Mon oo owh Ta ba ne me nung,
Tuh o dah pe ne ga,
Ain duh ching ke da e nah nin,
Ween go che de bain dung.

2 Ween ke de ba ne me go non,
Ke geesh pe nuh ne nung;
Je sus oong e zhe mah jee ge,
Mah buh A nuh me od.

3 Je sus, um ba o dah pe nun,
Puh mee ne goo yuh nin,
Che me no nuh wa e goo yun,
Ka uh ko na sa shong.

4 Ke buh ge de nuh mah goo suh
Nin je chah go nah nig,
Keen dush che de ba ne me yong,
Uh puh na kah ge nig.

NUHGUHMOWIN 57. 4 8s & 2 6s.

1 Oh ke che zah ge e de win!
Ah neen uh pee mon duh nin da,
Ka wee jee we go yun?
Kuh ga tin ne nun duh wain don,
Je sus O me nwa ning a win,
Kah be zhuh wa ne mid.

2 Stronger his love than death or hell,
Its riches are unsearchable;
The first-born sons of light
Desire in vain its depths to see;
They cannot reach the mystery,
The length, the breadth, and height.

3 God only knows the love of God;
O that it now were shed abroad
In this poor stony heart!
For love I sigh, for love I pine;
This only portion, Lord, be mine!
Be mine this better part!

4 O that I could for ever sit
With Mary at the Master's feet!
Be this my happy choice;
My only care, delight, and bliss,
My joy, my heaven on earth, be this,
To hear the Bridegroom's voice!

5 O that I could, with favour'd John,
Recline my weary head upon
The dear Redeemer's breast!
From care, and sin, and sorrow free,
Give me, O Lord, to find in thee
My everlasting rest!

2 O zah ge e de win ka gait
Muh shkuh we zee muh guh de ne;
Wah sa yong a yah jig,
O wee da ke kain dah nah wah,
Wah suh dush noon da sa she wug,
Wah ge kain je ga jig.

3 Ween a tuh Ke che Mun e doo
O gwuh yuh quain don, Mun e doo
A zhe zhuh wain je gaid!
Mee go ewh zah ge e de win,
Ka che puh gwe sa ne mo shon,
Wee mee ne go ze yon!

4 Oh uh pa gish nah kah ge nig,
Ma ry wee duh be muh ge bun,
'Mah Je sus o ze dong!
Ka uh peech tuh nuh kee wah nan,
O mah uh keeng che moo je ge
Pe zin duh wuh ge bun!

5 Oh 'pa gish kuh shke too yom bon,
O kah ke guh nong owh Je sus,
Che e ne qua she non!
Kee 'shquah o jah ne me ze shon,
Meen zhe she kun suh kah ge ga
Ke che uh nwa be win!

ON THE SPREAD OF THE GOSPEL.

HYMN 58. 6 *lines* 8s.

1 Lord over all, if thou hast made,
  Hast ransom'd, every soul of man,—
Why is the grace so long delay'd?
  Why unfulfill'd the saving plan?
The bliss, for Adam's race design'd,
When will it reach to all mankind?

2 Art thou the God of Jews alone,
  And not the God of Gentiles too?
To Gentiles make thy goodness known:
  Thy judgments to the nations show;
Awake them by the gospel call:
Light of the world, illumine all!

3 The servile progeny of Ham
  Seize, as the purchase of thy blood;
Let all the heathens know thy name;
  From idols to the living God
The dark Americans convert;
And shine in every pagan heart.

4 As lightning launch'd from east to west,
  The coming of thy kingdom be;

CHEMAHJEESHKAHMUHGUK EWH MENWAH-JEMOWIN.

NUHGUHMOWIN 58. 6 *lines* 8s.

1 Ta ba ning a yun kuh ke nuh,
Ke gee be kee zhee kuh mah ga,—
Ah neesh ween nah dush pa se kog,
Mon duh ke zhuh wain je ga win?
Ah nuh pee ee doog kuh ke nuh,
Ka zhuh wain dah go ze wah gwain?

2 Mee nuh a tuh e gewh Jew yug,
Ka o Mun e doo me me kig?
Mon oo suh kuh ya go tuh go,
Zhuh wa nim ma yuh ge ze jig;
Mon oo suh go wah sa shkuh mowh,
Min ze uh keeng a yah she jig!

3 Wa nee jah ne se jin owh Ham,
Kuh ke nuh zhuh wa ne mah shin;
Mon oo Manz e ne nee ka jig,
Ke guh kuh nuh wah buh me goog
Mon oo tuh uh nuh me ah wug,
Kuh ke nuh Uh ne she nah baig!

4 A peech e be daig wah sa yah,
Tuh e zhe ke zhee kah muh gud;

To thee, by angel-hosts confess'd,
Bow every soul and every knee;
Thy glory let all flesh behold,
And then fill up thy heavenly fold!

HYMN 59. C. M.

1 Jesus, the word of mercy give,
And let it swiftly run;
And let the priests themselves believe,
And put salvation on.

2 Clothed with the Spirit of holiness,
May all thy people prove
The plenitude of gospel grace,
The joy of perfect love.

3 Jesus, let all thy lovers shine
Illustrious as the sun;
And, bright with borrow'd rays divine,
Their glorious circuit run:

4 Beyond the reach of mortals, spread
Their light where'er they go;
And heavenly influences shed
On all the world below.

5 As giants may they run their race,
Exulting in their might;

Mon duh ke doo ge mah we win,
  Min ze dush che noon duh mo wod!
Ke be she gain dah go ze win,
  Min ze che wah bun duh mo wod!

NUHGUHMOWIN 59. C. M.

1 Je sus, wa weeb suh mee ge wain,
  Ke zhuh wain je ga win;
Mon oo tuh muh shkuh wain duh moog
  Pa bah guh gee qua jig!

2 Ta ba ne muh jig kuh ke nuh
  Tuh peen e da a wug,
Che me shee nuh de nig dush nah,
  Moo je gain duh mo win!

3 Je sus, Mon oo suh kuh ke nuh
  Ka che zah ge e kig;
Kee zis oong tuh puh bah e zhe
  Wah sa shkuh mah ga wug!

4 Che buh bah wah sa yah ze wod,
  Min ze o mah uh keeng;
Ish pe ming tuh zhe uh ye een
  Che mah mee ge wa wod!

5 Wain de goong, mon oo tuh e zhe
  Ko tah me gwee we wug;

As burning luminaries, chase
  The gloom of hellish night:

6 As the bright Sun of righteousness,
  Their healing wings display;
And let their lustre still increase
  Unto the perfect day.

HYMN 60. L. M.

1 On all the earth thy Spirit shower;
  The earth in righteousness renew;
Thy kingdom come, and hell's o'erpower,
  And to thy sceptre all subdue.

2 Like mighty winds, or torrents fierce,
  Let it opposers all o'errun;
And every law of sin reverse,
  That faith and love may make all one.

3 Yea, let thy Spirit in every place
  Its richer energy declare;
While lovely tempers, fruits of grace,
  The kingdom of thy Christ prepare.

4 Grant this, O holy God and true!
  The ancient seers thou didst inspire;
To us perform the promise due;
  Descend, and crown us now with fire!

Che ne zhah goo je too wod dush
  Mon duh muh je de bik:

6 A zhe ke zhee wah sa yah zid,
  Kee zis mon oo mee ewh;
Kuh ya wee nuh wah ka ne 'zhe
  Wah wah sa yah ze wod!

NUHGUHMOWIN 60. L. M.

1 Mon oo min ze o mah uh keeng,
  Mee ge wain mah buh Ke je chog!
Ke doo ge mah we win dush nah
  Min ze che nee gah nain dah gwuk!

2 Qua tah me gwah ne muh kin ko,
  Tuh ne e zhe kuh wah she wug;
Kuh ke nuh shong a ne me kig,
  Nuh nonzh go che ne bwah kah wod!

3 Mon oo suh min ze kuh ga tin,
  Tuh ween duh mah ga Ke je chog;
Che ne wuh wa zhe tuh muh wind,
  Je sus o doo ge mah we win!

4 Oh Ke zha Mun e doo mon oo,
  Pe wee doo kuh muh we she nom;
Noong oom go pe meenzh e she nom
  Ewh ka o de shko da me yong!

HYMN 61. L. M.

1 Go preach my gospel, saith the Lord,
Bid the whole world my grace receive;
He shall be saved that trusts my word;
He shall be damn'd that won't believe.

2 I'll make your great commission known,
And ye shall prove my gospel true,
By all the works that I have done,
By all the wonders ye shall do.

3 Teach all the nations my commands;
"I'm with you till the world shall end;
All power is trusted in my hands,
I can destroy, and I defend."

HYMN 62. S. M.

1 How beauteous are their feet
Who stand on Sion's hill;
Who bring salvation in their tongues,
And words of peace reveal!

2 How cheering is their voice,
How sweet the tidings are!
"Sion, behold thy Saviour King:
He reigns and triumphs here."

NUHGUHMOWIN 61. L. M.

1 Puh bah me nwah je mo yook suh,
Kee e ke do Ta ba ning a;
Wa gwain ka da bwa tuh mo gwain,
Mee go owh ka noo je mo ind.

2 Ning uh puh bah wee doo kon suh
Mon duh Ne me nwah je mo win,
Kah uh ye zhe che ga yon suh,
Ke guh ne uh ye zhe che gaim.

3 Ween duh mah ga yook go min ze,
Mah min ning uh gee qua win un;
"Kah ge nig ke wee jee we nim,
Nuh nonzh go che 'shquah uh kee kog."

NUHGUHMOWIN 62. S. M.

1 Mah mig ka gee qua jig,
Pe wah sa yah ze wug;
Uh nuh me ah win pee doo wod,
Che bah pe nain duh ming.

2 Ka gait ne me no tum
Puh e nah je mo wod;
"Kuh nuh wah buh mik, O ge mah,
Ka che O ge mah wid!"

3 How blessed are our ears
  That hear this joyful sound,
Which kings and prophets waited for,
  And sought, but never found!

4 How blessed are our eyes
  That see this heavenly light!
Prophets and kings desired long,
  But died without the sight.

5 The watchmen join their voice,
  And tuneful notes employ;
Jerusalem breaks forth in songs,
  And deserts learn the joy.

6 The Lord makes bare his arm
  Through all the earth abroad;
Let all the nations now behold
  Their Saviour and their God.

HYMN 63. 7s.

1 See how great a flame aspires,
  Kindled by a spark of grace!
Jesus' love the nations fires,
  Sets the kingdoms on a blaze.
To bring fire on earth he came;
  Kindled in some hearts it is:

3 Zhuh wain dah gwuh doon suh
Ke tuh wuh gah nah nin,
Noon duh mung ka ta O ge mog
Kah yun do tuh mo wod!

4 Zhuh wain dah gwuh doon suh
Ke shkeen zhe go nah nin;
Kee o de sah bun duh mung dush
Ke che wah sa yahz' win!

5 Pah pe nuh uh moog suh
Kuh gee qua we nen' wug;
Ma gwuh yah quong suh dush oon je
Nuh qua uh muh wah wug.

6 Ke doo ge mah me non,
Tuh zhee be ne ka ne;
Kuh ke nuh che mah wun doo nod
O duh nesh' nah ba mun.

NUHGUHMOWIN 63. 7s.

1 E nuh suh a nuh ko naig,
Mon duh uh nuh me ah win!
Je sus o be skuh na toon,
Min ze kee we tah kuh mig.
Che o de shko da me yung
Kee be oon je tuh gwe shin;

O that all might catch the flame,
  All partake the glorious bliss!

2 When he first the work begun,
  Small and feeble was his day:
Now the word doth swiftly run,
  Now it wins its widening way:
More and more it spreads and grows,
  Ever mighty to prevail;
Sin's strong-holds it now o'erthrows,
  Shakes the trembling gates of hell.

3 Sons of God, your Saviour praise!
  He the door hath open'd wide;
He hath given the word of grace,
  Jesus' word is glorified:
Jesus, mighty to redeem,
  He alone the work hath wrought;
Worthy is the work of Him,
  Him who spake a world from naught.

4 Saw ye not the cloud arise,
  Little as a human hand?
Now it spreads along the skies,
  Hangs o'er all the thirsty land
Lo! the promise of a shower
  Drops already from above;

Oh uh pa gish kuh ke nuh,
Ke zhe gain duh mo wah pun!

2 Wuh ya shkud owh a no keed,
Kee pung ee jee shuh gud 'ne;
Noong oom dush min ze uh keeng,
Oom bwa shkah muh guh de ne;
Aish kum, uh ne mah jee ging
Ko tah me gwee wee muh gud;
Uh ne ing o shkah wun dush
Muh je uh no kee we nun.

3 Wa nee jah ne se me naig,
Mah buh ke zha Mun e doo;
Mah moo yuh wuh mik Je sus
Kah be zhuh wa ne me naig!
Je sus suh muh shkuh we zee,
Wee nuh non duh we e waid;
Kee muh mon dah we che ga
Kee o zhe tood ewh uh ke!

4 Ke wah bun dah nah wah nuh
Ah nuh quuh doons pah dah sing?
Aish kum pe mung uh goo da,
E mah min ze pang wuh keeng;
Mee go ah zhe ye ka gait,
Wee be puh guh me bee song;

But the Lord will shortly pour
All the spirit of his love!

HYMN 64. L. M.

1 Jesus shall reign where'er the sun
Does his successive journeys run;
His kingdom spread from shore to shore,
Till moons shall wax and wane no more.

2 From north to south the princes meet
To pay their homage at his feet;
While western empires own their Lord,
And savage tribes attend his word.

3 To him shall endless prayer be made,
And endless praises crown his head;
His name, like sweet perfume, shall rise
With every morning sacrifice.

4 People and realms of every tongue
Dwell on his love with sweetest song,
And infant voices shall proclaim
Their early blessings on his name.

Tuh be ke che ge me wun,
Wa ne zhe shid O je chog!

NUHGUHMOWIN 64. L. M.

1 Je sus tuh o ge mah we we
A ne go ko shkung owh kee zis;
O doo ge mah we win min ze,
Tuh da be shkah muh guh de ne.

Kee wa de noong kuh ya dush go,
Shah wuh noong, pe oon je bah wug;
Wa ge mah we jig kuh ke nuh,
Wee be zhuh guh shkee tuh wah wod.

2 Kuh ya go a pung e she moog,
Wain je duh uh ne she nah baig;
O guh un do dah nah wah ewh
Koo se non o de ke do win.

3 Mee owh ka buh gwe sa ne mind,
Kuh ya ka mah moo yuh wuh mind;
O de zhe ne kah zo win e,
Tuh oom be shkah muh guh de ne.

4 Uh nooj a nwa jig, kuh ke nuh,
O guh nuh guh mo tuh wah won,
Kuh ya go uh be noo jeih yug
Tuh nuh qua uh mah ga she wug.

HYMN 65. L. M.

1 From all that dwell below the skies
Let the Creator's praise arise:
Let the Redeemer's name be sung,
Through every land, by every tongue.

2 Eternal are thy mercies, Lord;
Eternal truth attends thy word,
Thy praise shall sound from shore to shore,
Till suns shall rise and set no more.

3 Your lofty themes, ye mortals, bring;
In songs of praise divinely sing;
The great salvation loud proclaim,
And shout for joy the Saviour's name.

4 Praise God, from whom all blessings flow;
Praise him, all creatures here below;
Praise him above, ye heavenly host;
Praise Father, Son, and Holy Ghost!

HYMN 66. S. M.

1 To bless thy chosen race,
In mercy, Lord, incline,
And cause the brightness of thy face
On all thy saints to shine.

NUHGUHMOWIN 65. L. M.

1 Kuh ke nuh uh keeng a yah jig,
Tuh mah moo yuh wuh gain duh moog,
Che nuh nuh guh mo tuh wah wod
Kah gee zhee kuh mah go wah jin.

2 Kah ge nig ta bwa muh guh doon,
Mah min ke de ke do win un;
Tuh muh dwa noon dah go ze wug
Min ze ka mah moo yuh wa jig.

3 O nah ne gwain duh mo yook suh,
Kee nuh wah na guh mo tuh waig;
Kuh gah tin suh te bah je mik,
Mah buh Kah noo je mo e naig.

4 Mah moo yuh wuh mah dah mah buh
Wain je zhuh wain dah go ze yung;
Wa yoo se mind, wa gwe se mind,
Kuh ya Pah ne zid O je chog!

NUHGUHMOWIN 66. S. M.

1 Ta ba ning a mon oo,
Zhuh wa ne me she nom;
Pe wah sa yah shkuh mowh uh keeng,
A nuh me ah she jig.

2 That so thy wondrous way
May through the world be known;
While distant lands their tribute pay,
And thy salvation own.

3 Let diff'ring nations join
To celebrate thy fame;
Let all the world, O Lord, combine
To praise thy glorious name.

4 O let them shout and sing,
With joy and pious mirth!
For thou, the righteous Judge and King,
Shalt govern all the earth.

5 Let diff'ring nations join
To celebrate thy fame;
Let all the world, O Lord, combine
To praise thy glorious name.

CHRISTIAN FELLOWSHIP.

HYMN 67. S. M.

1 And are we yet alive,
And see each other's face?

2 Mee dush nah ka oon je
Ke ka ne me goo yun;
Min ze che zhuh guh shkee too quah,
Ka da bwa yain dung ig.

3 Mon oo suh kuh ke nuh
Uh nooj go a nwa jig;
Tuh wah wee doo ko dah de wug
Che me nwah je me quah.

4 Oh! e nuh shka mon oo
Tuh moo je ge ze wug;
Keen mah ween ke de ba ne mog
Uh keeng a yah she jig.

5 Mon oo suh kuh ke nuh
Uh nooj go a nwa jig;
Tuh wah wee doo ko dah de wug
Che me nwah je me quah.

ANUHMEAHWINE WEEJEKEWAIHYEDEWIN.

NUHGUHMOWIN 67. S. M.

1 Mee nuh wah nin go ding,
Ke wah bun de she min;

Glory and praise to Jesus give
   For his redeeming grace!
Preserved by power divine
   To full salvation here,
Again in Jesus' praise we join,
   And in his sight appear.

2 What troubles have we seen,
   What conflicts have we pass'd,
Fightings without, and fears within,
   Since we assembled last!
But out of all the Lord
   Hath brought us by his love;
And still he doth his help afford,
   And hides our life above.

3 Then let us make our boast
   Of his redeeming power,
Which saves us to the uttermost,
   Till we can sin no more:
Let us take up the cross,
   Till we the crown obtain;
And gladly reckon all things loss,
   So we may Jesus gain.

Mah moo yuh wuh mah dah Je sus,
Kah zhuh wa ne me nung!
O muh shkuh we zee win,
Kee mah mee ne goo yung;
Ke doon je wah bun de she min,
Nuh qua uh mah de shung.

2 Min zuh kuh me e newh
Ah ne me ze win un;
Kah be wah wah bun duh mung oon,
Kee be kah kee zhe guk!
Zhuh wa ne me nung dush,
Mah buh Ta ba ning a,
Ke gee be wee doo kah go non',
Nuh nonzh dush go noong oom.

3 Uh pa ne mo dah suh,
O wee doo kah ga win;
Ka ne noo je mo e go yung,
Wuh ween ga kuh ke nuh;
O dah pe nun dah suh,
Ewh ah zhe da yah tig;
Che noo pe nuh nung dush Je sus
E we de kah e zhod.

HYMN 68. C. M.

1 Try us, O God, and search the ground
Of every sinful heart:
Whate'er of sin in us is found,
O bid it all depart!

2 When to the right or left we stray,
Leave us not comfortless;
But guide our feet into the way
Of everlasting peace.

3 Help us to help each other, Lord,
Each other's cross to bear;
Let each his friendly aid afford,
And feel his brother's care.

4 Help us to build each other up,
Our little stock improve;
Increase our faith, confirm our hope,
And perfect us in love.

5 Up into thee, our living Head,
Let us in all things grow,
Till thou hast made us free indeed,
And spotless here below.

6 Then, when the mighty work is wrought,
Receive thy ready bride:
Give us in heaven a happy lot
With all the sanctified.

NUHGUHMOWIN 68. C. M.

1 Oh ke zha Mun e doo, keesh pin
Pah tah ze win e shun!
Ma kuh mo wuh nan nin da 'nong,
Sah ge je wa be nun!

2 A ne wuh ne she nong in ko,
Ween duh muh we she nom;
Uh ne e zhe we zhe she nom
Wa ne zhe shing mee kons!

3 Wee doo kuh we she nom Je sus,
Che zah ge e de yong;
Che ne wee doo ko dah de yong
Ish pe ming e zhah shong!

4 Mon oo wee doo kuh we she nom,
Che zhuh wa ne de yong;
Ah pe je dush go wuh ween ga,
Che me nwa ne de yong!

5 Ke de nain dah go ze win ing,
Ning uh mah jee ge min;
Che wuh ween ga bee ne ze yong,
Kee zhah o mah uh keeng!

6 Uh pee kee 'shquah uh no kee yong
O dah pe ne shee kong;
Che wee duh be mung e dwah dush
Ish pe ming a yah jig!

HYMN 69. 8 *lines* 7s.

LOVE-FEAST.

1 Come, and let us sweetly join,
Christ to praise in hymns divine!
Give we all, with one accord,
Glory to our common Lord;
Hands, and hearts, and voices, raise,
Sing as in the ancient days;
Antedate the joys above;
Celebrate the feast of love.

2 Strive we, in affection strive;
Let the purer flame revive,
Such as in the martyrs glow'd,
Dying champions for their God:
We, like them, may live and love:
Call'd we are their joys to prove,
Saved with them from future wrath,
Partners of like precious faith.

3 Sing we then in Jesus' name,
Now as yesterday the same;
One in every time and place,
Full for all of truth and grace:
We, for Christ, our Master, stand,
Lights in a benighted land:

NUHGUHMOWIN 69. 8 *lines* 7s.

LOVE-FEAST.

1 Wee doo ko dah de dah suh,
Kuh ke nuh ain duh che yung,
Che nuh nuh guh mo tuh wung,
Je sus ta ba ne me nung!
Shee be ne ka tuh wah dah,
Ma gwah wee doo pun de yung;
Ke ke nuh wah je too yung,
Mon duh zah ge e de win.

2 Ong wah me ze she dah suh,
Che ne me nwa ne de yung;
Che ish ko da wung dush nah,
Mah min ke da e nah nin:
Kah 'zhe zah ge e de wod,
Ne tum kah ne bwah kah jig;
Mee ewh kuh ya kee nuh wind,
Ka 'zhe da a yung o bun.

3 O de zhe ne kah zo win,
Je sus nuh nuh guh mo dah;
Mee suh mah buh kah ge nig,
Min ze wah zhuh wa ning aid:
Kee puh ze gwee tuh wung dush,
Ke wah sa shkah non uh ke;

We our dying Lord confess;
We are Jesus' witnesses.

4 Witnesses that Christ hath died,
We with him are crucified;
Christ hath burst the bands of death
We his quick'ning Spirit breathe:
Christ is now gone up on high;
Thither all our wishes fly:
Sits at God's right hand above;
There with him we reign in love!

HYMN 70. C. M.

1 Blest be the dear uniting love
That will not let us part:
Our bodies may far off remove,—
We still are one in heart.

2 Join'd in one spirit to our Head,
Where he appoints we go;
And still in Jesus' footsteps tread,
And show his praise below.

3 O may we ever walk in him,
And nothing know beside:
Nothing desire, nothing esteem,
But Jesus crucified.

Ke duh pa ne mo min suh,
Je sus kah ne bo too nung.

4 Ke ween duh mah de min suh,
Kee zhuh wain dah go ze yung:
Kee be nee se nuh moo nung,
Mon duh pe mah de ze win:
Je sus, pa gwe sa ne mung,
Noong oom ish pe ming uh yah;
Mee go e we de kee zhah,
Ain duh zhe wee duh be mung!

NUHGUHMOWIN 70. C. M.

1 Ka gait ke che o ne she shin,
Ewh zah ge e de yung!
Ke me nwain dah min kah ge nig,
Che wah wah bun de shung.

2 Ke ba zhe go e go non mah
Ke nee gah nee me non;
Kah ne e zhod dush owh Je sus,
Ke duh ne e zhah min.

3 Oh mon oo kah ge nig, Je sus,
Ke guh wee jee wah non;
Ween dush che nee gah na ne mung,
Je sus kah uh goo nind!

4 Closer and closer let us cleave
To his beloved embrace;
Expect his fulness to receive,
And grace to answer grace.

5 Partakers of the Saviour's grace,
The same in mind and heart,
Nor joy, nor grief, nor time, nor place,
Nor life, nor death, can part.

6 But let us hasten to the day
Which shall our flesh restore,
When death shall all be done away,
And bodies part no more!

HYMN 71. C. M.

1 God of all consolation, take
The glory of thy grace!
Thy gifts to thee we render back
In ceaseless songs of praise.

O that will be joyful, be joyful, be joyful;
O that will be joyful,
To meet to part no more;
To meet to part no more,
On Canaan's happy shore,
And sing hallelujah with them that are gone before.

4 Mon oo suh pa shwa ne mah dah,
Owh zah yah ge e nung;
Noong oom ning uh zhuh wa ne mig
E na ne mah dah suh!

5 Kee mee ne goo yung dush Je sus
O zhuh wain je ga win;
Kah ween dush mee nuh wah ke dah
Puh ka we nah see non.

6 Mon oo suh wa wee be tah dah,
Che da kee zhee tah yung;
Che wah bun de yung kah ge ga,
Pe mah de ze win ing!

NUHGUHMOWIN 71. C. M.

1 Me no Mun e doo kuh ke nuh,
Wain je me no uh yong!
Ke mah moo yuh wuh me goo suh
Kee zhuh wa ne me yong.

Oh! tuh o nah ne gwud, uh puh na, kah ge nig;
Oh! tuh o nah ne gwud,
Kee nuh qua shko dah ding,
Kee nuh qua shko dah ding,
E we de ish pe ming,
Che nuh qua uh muh wung wah, kah nee goo mah jah jig.

2 Our life is hid with Christ in God;
Our Life shall soon appear,
And shed his glory all abroad
In all his members here.

3 Our souls are in his mighty hand,
And he shall keep them still;
And you and I shall surely stand
With him on Zion's hill!

4 Him eye to eye we there shall see;
Our face like his shall shine:
O what a glorious company,
When saints and angels join!

5 O what a joyful meeting there!
In robes of white array'd,
Palms in our hands we all shall bear,
And crowns upon our head.

6 Then let us lawfully contend,
And fight our passage through;
Bear in our faithful minds the end,
And keep the prize in view.

2 Ke gah ne goo min suh Je sus
O de noo zo win ing,
Pah mah dush o guh be nah non,
Ta ba ne mah she jin.

3 O guh nuh wa ne mon Je sus,
Ke je chah go nah nin;
Che da duh gwe she min ung dush,
E we de ish pe ming!

4 Ke guh wah buh mah non dush go,
A zhe wah sa yeeng waid;
Oh tuh go tah me gwee no wug,
Ka wah sa yah ze jig!

5 Oh o nah ne gwah duh kuh mig,
Che nuh qua shko dah ding!
Ka che pe she gain dah gwuh kin
Ke guh uh gwe nuh nin.

6 Ong wah me ze dah suh dush nah,
Che da duh gwe she nung;
Kah ge nig suh e nah be dah,
E we de a zhah yung.

ON DEATH.

HYMN 72. C. M.

1 O God! our help in ages past,
Our hope for years to come,
Our shelter from the stormy blast,
And our eternal home:

2 Under the shadow of thy throne
Still may we dwell secure;
Sufficient is thine arm alone,
And our defence is sure.

3 Before the hills in order stood
Or earth received her frame,
From everlasting thou art God,
To endless years the same.

4 A thousand ages in thy sight
Are like an evening gone;
Short as the watch that ends the night,
Before the rising sun.

5 The busy tribes of flesh and blood,
With all their cares and fears,
Are carried downward by the flood,
And lost in following years.

NEBOWIN.

NUHGUHMOWIN 72. C. M.

1 Oh Ke zha Mun e doo! kah be
Wah wee doo kuh we yong,
Keen suh nin duh pa ne mo min,
Nee gon e nah be yong.

2 Ke guh nuh wain je ga win ing,
Ning uh wah nuh kee min;
Muh shkuh we zee muh gud ke nik,
Ka wee doo kah go yong.

3 Che bwah uh yog mon duh uh ke,
Kuh yut ke gee uh yah,
Mee dush go uh puh na nee gon
Che Mun e doo we yun.

4 Me dah swok suh ke kah we nun,
Kah ge be koo sa gin;
Te be shkoo go ning o de bik
Ke duh pe tain dah nun.

5 Kuh ke nuh pa mah de ze jig,
O mong e zhe uh keeng;
Tuh ne uh peech kuh we sa wug,
Che ne ne bo she wod.

6 Time, like an ever-rolling stream,
Bears all its sons away;
They fly forgotten, as a dream
Dies at the opening day.

7 O God! our help in ages past,
Our hope for years to come;
Be thou our guard while life shall last,
And our perpetual home.

HYMN 73. C. M.

1 Why do we mourn departing friends,
Or shake at death's alarms?
'Tis but the voice that Jesus sends,
To call them to his arms.

2 The graves of all his saints he bless'd,
And soften'd every bed:
Where should the dying members rest,
But with their dying Head?

3 Thence he arose, ascending high,
And show'd our feet the way:
Up to the Lord our flesh shall fly,
At the great rising day.

6 Te be shkoo nah she boo noong in,
E nain dah go ze wug;
Kah ne pe shquah buh min dwah nin,
Wuh na ne mah she wug.

7 Oh ke zha Mun e doo! kah be,
Wah wee doo kuh we yong;
Kuh nuh wa ne me she nom suh
Ka uh ko na sa shong!

NUHGUHMOWIN 73. C. M.

1 Ah neesh ween nah muh we mung wah,
Mah mig na bo she jig?
Je sus suh ween o nun do mon
Wah o dah pe nah jin.

2 O gee be zhuh wain duh muh won,
A nuh me ah ne jin,
Che uh nwa be nid dush e mah
O wah ne kah ne wong.

3 Kah e zhe ah be jee bod dush,
Ish pe ming kee e zhod;
Mee go ewh kuh ya kee nuh wind,
Ka 'zhe o ne shkah yung.

4 Then let the last loud trumpet sound,
And bid our kindred rise;
Awake, ye nations under ground;
Ye saints, ascend the skies.

HYMN 74. S. M.

1 And must this body die?
This well-wrought frame decay?
And must these active limbs of mine
Lie mouldering in the clay?

2 Corruption, earth, and worms,
Shall but refine this flesh;
Till my triumphant spirit comes
To put it on afresh.

3 God, my Redeemer, lives,
And ever from the skies
Looks down, and watches all my dust,
Till he shall bid it rise.

4 Array'd in glorious grace
Shall these vile bodies shine;
And every shape and every face
Be heavenly and divine.

4 Mon oo tuh go tah me gwa wa,
Ewh ke che be be gwun;
"Ko shko ze yook, na bwah kah yaig,
Ish pe ming e zhah yook."

NUHGUHMOWIN 74. S. M.

1 Tuh ne boo muh gud nuh,
Nee yowh, che buh nah duk?
Ning uh uh gwah go guh na shin,
E nuh o mah uh keeng?

2 Mee go ewh ne bo win,
Ka bee ne e go yon;
Pe duh gwe shing dush nin je chog,
Ning uh be onj e ig.

3 Ning e zha Mun e doom,
Ning uh nuh wa ne mig;
Uh kuh wah bun dung dush mon duh
Ne wee yuh guh saih yem.

4 Tuh gwuh nah je wuh noon,
Mah min wee yuh we shun;
Tuh ke che suh wah sa yah wun,
E we de ish pe ming.

5 These lively hopes we owe,
  Lord, to thy dying love;
O may we bless thy grace below,
  And sing thy power above!

6 Saviour, accept the praise
  Of these our humble songs,
Till tunes of nobler sound we raise
  With our immortal tongues.

HYMN 75. C. M.

1 And let this feeble body fail,
  And let it droop and die;
My soul shall quit the mournful vale,
  And soar to worlds on high;
Shall join the disembodied saints,
  And find its long-sought rest,
(That only bliss for which it pants,)
  In my Redeemer's breast.

2 In hope of that immortal crown,
  I now the cross sustain,
And gladly wander up and down,
  And smile at toil and pain:
I suffer out my threescore years,
  Till my Deliverer come,

5 Kee ne bo tuh we yong,
Ke che mee gwaich Je sus;
Oh mon oo uh keeng uh yah yong,
'Guh moo je ge ze min!

6 Je sus, o dah pe nun,
Na nuh guh mo shong in;
Nuh nonzh go che nuh guh mo yong,
Ka che me nwa wa gin.

NUHGUHMOWIN 75. C. M.

1 Mon oo tuh puh nah dud nee yowh,
Che e shquah pe mah duk;
Nin je chog ning uh nuh guh nig,
Ish pe ming che e zhod:
Che we wee duh be mod e newh
Kah ne bwah kah ne jin;
Kuh ya ween che me kung mon duh,
Ke che uh nwa be win.

2 Kah ge ga pe mah de ze win,
Puh gwe sa ne mo yon;
Wain duh go ne zhoo meeng wa ton,
Wee suh ge na ze win:
Nim bee ah suh ka be nah zhid,
Kee e shquah na sa yon;

And wipe away his servant's tears,
  And take his exile home.

3 O what hath Jesus bought for me!
  Before my ravish'd eyes
Rivers of life divine I see,
  And trees of paradise:
They flourish in perpetual bloom,
  Fruit every month they give;
And to the healing leaves who come
  Eternally shall live.

4 O what are all my suff'rings here,
  If, Lord, thou count me meet,
With that enraptured host t' appear,
  And worship at thy feet!
Give joy or grief, give ease or pain,
  Take life or friends away:
But let me find them all again
  In that eternal day.

HYMN 76. C. M.

1 Hark! from the tombs a doleful sound,
  My ears attend the cry:
"Ye living men, come view the ground
  Where you must shortly lie.

Ka uh gah see ze beeng wa wod,
O buh mee tah guh nun.

3 Oh pe nuh suh mah min Je sus,
Wuh yah bun duh e jin
Pe mah de ze win e see been,
Ne wah bun dah e goosh!
Ne wah buh mog, o je chah gwug,
Wuh yah sa yah ze jig!
Pe she gain dah gwuh de ne wun,
E newh a gwee wah jin.

4 Oh Ta ba ning a, keesh pin suh
E na ne me wuh nan,
Che wee jee wuh gwah ish pe ming
Ka nuh wah buh me kig!
Mon oo ke dah o dah pe nog
A nuh wa mah shuh gig;
Mon oo dush ning uh me kuh'wog,
Kuh ke nuh wah sa yong.

NUHGUHMOWIN 76. C. M.

1 'Nuh! ewh chee ba guh mig muh dwa,
Nuh nee nuh we tah gwud;
"Pe wah bun duh mook ewh pah mah
Che zhuh zhing e she naig.

2 Princes, this clay must be your bed,
In spite of all your towers;
The tall, the wise, the reverend head,
Shall lie as low as ours."

3 Great God! is this our certain doom!
And are we still secure!
Still walking downward to the tomb,
And yet prepared no more!

4 Grant us the power of quick'ning grace,
To fit our souls to fly;
Then, when we drop this dying flesh,
We'll rise above the sky.

RESURRECTION.

HYMN 77. L. M.

1 He dies! the Friend of sinners dies!
Lo! Salem's daughters weep around!
A solemn darkness veils the skies;
A sudden trembling shakes the ground:
Come, saints, and drop a tear or two
On the dear bosom of your God:
He shed a thousand drops for you,
A thousand drops of richer blood.

2 " O ge mah doog, wah be gun ing
Ke guh zhing e she noom;
A zhe tuh puh se qua she nong,
'Guh e ne qua she noom."

3 Ke che Mun e doo! ka gait nuh
Mee mon duh ka de shong!
Jee ba guh me goong kuh ke nuh
E nah wuh ne de shong!

4 Mon oo suh dush meen zhe she nom
Ke wee doo kah ga win;
Uh pee dush ish quah na sa yong,
Ning uh oom be shkah min.

AHBEJEEBAHWIN.

NUHGUHMOWIN 77. L. M.

1 Ne bo! Wah je ke waih ye jin,
E newh puh yah tah ze ne jin!
Pe nuh kee wuh shuh da mo wug,
Kah we tah gah buh we she jig!
Kee nuh wah, na bwah kah wa gwain,
Muh we mik, kah ne bo too naig;
Kee oon je gah ne o me squeem,
Kuh ke nuh che noo je mo yaig.

2 Here's love and grief beyond degree;
  The Lord of glory dies for man!
But, lo! what sudden joys I see;
  Jesus, the dead, revives again!
The rising God forsakes the tomb;
  The tomb in vain forbids his rise!
Cherubic legions guard him home,
  And shout him welcome to the skies!

3 Break off your tears, ye saints, and tell
  How high your great Deliverer reigns;
Sing how he spoil'd the hosts of hell,
  And led the monster death in chains.
Say, "Live for ever, wondrous King!
  Born to redeem, and strong to save!"
Then ask the monster, "Where's thy sting?"
And "Where's thy victory, boasting grave?"

EASTER.

HYMN 78. C. M.

1 The Lord of sabbath let us praise,
  In concert with the bless'd,
Who, joyful in harmonious lays,
  Employ an endless rest.

2 Zah ge e de win suh mon duh,
Je sus kee be ne bo too nung!
Ke me nwah bun je ga she min,
Wah buh mung ewh ah be jee bod!
O ne shkod ke zha Mun e doo,
O nuh guh don, jee ba guh mig;
Ish pe ming uh ne she nah bain,
O gee wa sah sah qua me goon.

3 Gah see ze beeng wa 'de zo yook,
Kee nuh wah a nuh me ah yaig;
Ween duh mook ewh a pee chee weed,
Kah muh mon zhe tood ne bo win!
"Wa ge mah we yun, kah ge nig,
Pe mah de zin," e ke do yook!
Ween mah o gee muh mon zhe toon,
Ewh qua tah me gwuk ne bo win.

EASTER.

NUHGUHMOWIN 78. C. M.

1 Ta ba ning a, kah o zhe tood,
Uh nuh me a kee zhig,
Mon oo mah moo yuh wuh mah dah,
Kah ge nig a nwa bid.

2 Thus, Lord, while we remember thee,
We blest and pious grow;
By hymns of praise we learn to be
Triumphant here below.

3 On this glad day a brighter scene
Of glory was display'd,
By God, th' eternal Word, than when
This universe was made.

4 He rises, who mankind has bought
With grief and pain extreme:
'Twas great to speak a world from naught;
'Twas greater to redeem.

5 Alone the dreadful race he ran,
Alone the wine-press trod;
He dies and suffers as a man,
He rises as a God.

PROSPECT OF HEAVEN.

HYMN 79. C. M.

1 There is a land of pure delight,
Where saints immortal reign:
Infinite day excludes the night,
And pleasures banish pain.

2 Je sus, me qua ne me goo yun,
Nim bah pe nain dah min;
Ma gwah go nuh nuh guh mo shong,
Ne moo je gain dah min.

3 Moong oom oowh a zhe kee zhe guk,
Kee pe she gain dah gwud,
Ke che muh mon dah wuh kuh mig,
Ewh kee ah be jee bod.

4 O ne shkah, uh ne she nah bain
Kah ne bo tuh wah jin;
Ka gait ke che uh no kee win
Kee noo je mo e nung!

5 Ne zhe ka go e mah me squeeng,
Kee be nah nee buh we;
Mun e doong e zhe o ne shkah,
Mah buh Kah ne bo pun.

PUHGWESAHBUNDUHMING ISHPEMING.

NUHGUHMOWIN 79. C. M.

1 Uh yah muh gud suh kah ge ga,
Me no tuh nuh kee win;
Kah wee kah te be kuh se noon,
A peech o nah ne gwuk.

2 There everlasting spring abides,
And never-with'ring flowers:
Death, like a narrow sea, divides
This heavenly land from ours.

3 Sweet fields beyond the swelling flood
Stand dress'd in living green:
So to the Jews old Canaan stood,
While Jordan roll'd between.

4 But tim'rous mortals start and shrink
To cross this narrow sea;
And linger, shiv'ring on the brink,
And fear to launch away.

5 O could we make our doubts remove,
Those gloomy thoughts that rise,
And see the Canaan that we love,
With unbeclouded eyes!

6 Could we but climb where Moses stood,
And view the landscape o'er,
Not Jordan's stream, nor death's cold flood,
Should fright us from the shore.

2 Kah ge nig me noo kuh me ne,
Me nwah be go nee nig;
Mee a tuh go ewh ne bo win,
Ka be shkah ga muh guk.

3 Ke che me suh we nah gwud suh
E we de uh gah ming;
O mong e zhe suh a nuh gom,
Oon zah bun je ga shung.

4 Ne tah zhah gwa ne mo she wug,
Wah ah zhuh wuh o jig;
Quee nuh we ke chee kah zo wod,
Oon dos e nuh ka gom.

5 Oh kuh shke to yung o bun ewh
Che muh shkuh wain duh mung;
Ke dah puh guh kah bun dah non;
Qua nah je wung uh ke!

6 Keesh pin oon zah be yung o bun,
Mo ses kah oon zah bid,
Kah ke dah be swain duh zee non
Ne bo win za nuh guk.

HYMN 80. C. M.

1 On Jordan's stormy banks I stand,
And cast a wishful eye
To Canaan's fair and happy land,
Where my possessions lie.

2 O the transporting, rapt'rous scene,
That rises to my sight!
Sweet fields array'd in living green,
And rivers of delight!

3 There gen'rous fruits that never fail
On trees immortal grow:
There rocks, and hills, and brooks, and vale,
With milk and honey flow.

4 All o'er those wide extended plains
Shines one eternal day;
There God the Son for ever reigns,
And scatters night away.

5 No chilling winds, nor pois'nous breath,
Can reach that healthful shore;
Sickness and sorrow, pain and death,
Are felt and fear'd no more.

6 When shall I reach that happy place,
And be for ever bless'd?

NUHGUHMOWIN 80. C. M.

1 O mong e zhe, e nuh ka gom,
Ain duh zhe nee skah duk,
Ne nee buh wish e nah be yon
E we de ish pe ming.

2 Oh ke che pe she gain dah gwud,
Mon duh a zhe nuh mon!
Wah bun duh mon ke te gah nun,
Wuh yah be go nee gin!

3 Mee suh e we de ain duh zhe
Me ko ging 'newh mee nun;
Kuh ya go ain duh ne je wung,
Ah moo seeng ze bah quood.

4 Mee suh e we de kah ge nig,
Ain duh zhe kee zhe guk;
Wah sa shkung mah buh O ge muh,
Koo se non O gwe sun.

5 Kah wee kah muh je na sa win,
Kuh ya ah ko ze win;
Tah ke kain je gah da se noon,
E we de ish pe ming.

6 Ah neen uh pee wa ne zhe shing
Ka uh yah mo wah nan?

When shall I see my Father's face,
And in his bosom rest?

7 Fill'd with delight, my raptured soul
Would here no longer stay!
Though Jordan's waves around me roll,
Fearless I'd launch away.

8 There, on those high and flowery plains,
Our spirits ne'er shall tire;
But in perpetual joyful strains
Redeeming love admire.

HYMN 81. C. M.

1 How happy every child of grace,
Who knows his sins forgiven!
This earth, he cries, is not my place;
I seek my place in heaven:
A country far from mortal sight;—
Yet, O! by faith I see
The land of rest, the saints' delight,
The heaven prepared for me.

2 A stranger in the world below,
I calmly sojourn here;
Nor can its happiness or wo
Provoke my hope or fear:

Kuh ya ka wah buh mah wuh gain,
  Noos ka uh nwa be id?

7 Moo ge gain duh mon un duh go
  Wee mah jah nin je chog!
Nah skah je e wa muh guh kin
  Uh keeng wee nuh guh dung.

8 Mee dush e we de ish pe ming,
  Kah ge nig ka duh zhe,
Pah pe nuh kuh me ge ze yung,
  Ke da duh gwe she nung.

NUHGUHMOWIN 81. C. M.

1 Ke che pah pe nain dum suh owh
  Kah zhuh wain dah go zid!
Ish pe ming suh ne wee e zhah,
  E nuh da mo she suh:
Mon duh wah suh tuh zhe uh ke,
  Ta bwa yain duh mon ko,
Nin da bah bun don ka duh zhe
  Uh nwa be e goo yon.

2 Ke buh bah mah yuh ge ze min
  O mong e zhe uh keeng;
Ain duh zhe pah bee too yung ewh
  Pa gwe sa ne mo shung.

We feel the resurrection near,
  Our life in Christ conceal'd,
And with his glorious presence here
  Our earthen vessels fill'd.

3 O would he more of heaven bestow!
  And let the vessels break;
And let our ransom'd spirits go
  To grasp the God we seek;
In rapt'rous awe on him to gaze,
  Who bought the sight for me,
And shout and wonder at his grace
  Through all eternity!

JUDGMENT.

HYMN 82. S. M.

1 Thou Judge of quick and dead,
  Before whose bar severe,
With holy joy, or guilty dread,
  We all shall soon appear;
Our caution'd souls prepare
  For that tremendous day;
And fill us now with watchful care,
  And stir us up to pray:

Ke pa shoo wain dah non suh ewh,
  Che duh gwah ko ne nung;
Je sus pe mah de ze win ing,
  Che da buh oo ne nung.

3 Oh pa gish nuh wuch nee be wuh,
  Mee ne nung ish pe ming!
Che da o de te nung dush nah,
  Ke Mun e doo me non;
Kee go tah me gwah buh mung dush,
  Kah zhuh wa ne me nung;
Ke guh o nah ne gwain dah min,
  Uh puh na kah ge nig.

TEBAHKONEWAWIN.

NUHGUHMOWIN 82. S. M.

1 Ta ba ko ne wa yun,
  A nuh suh muh be yun,
Nıng uh nee buh we e goo min,
  Che de bah ko ne yong;
Mon oo kee zhee tah we,
  Nin je chah go nah nig;
Noong oom wee doo kuh we she nom
  Che uh kuh wah be yong.

2 To pray, and wait the hour,
  That awful hour unknown;
When, robed in majesty and power,
  Thou shalt from heaven come down;
Th' immortal Son of man,
  To judge the human race,
With all thy Father's dazzling train,
  With all thy glorious grace.

3 To damp our earthly joys,
  T' increase our gracious fears,
For ever let th' archangel's voice
  Be sounding in our ears
The solemn midnight cry,
  "Ye dead, the Judge is come;
Arise, and meet him in the sky,
  And meet your instant doom!"

4 O may we thus be found
  Obedient to his word;
Attentive to the trumpet's sound,
  And looking for our Lord!
O may we thus ensure
  A lot among the bless'd;
And watch a moment to secure
  An everlasting rest!

2 Che ne bah bee too yong,
  Ka kain dah gwuh se noog;
Uh pee ko tah me go ze win,
  Che be ge ge shkuh mun;
Wa gwe se me goo yun,
  'Guh de bah ko ne wa,
Koos oo wah sa yah ze win e
  Ke guh be kuh ge zin.

3 Ka duh so kee zhe guk,
  Che wuh weeng a ze yong,
Moon zhug ning uh noon duh wah non,
  Owh ka be pee bah gid
Mon duh ka e ke dood,
  "Na bo yaig, tuh gwe shin,
Ta bah ko ne waid, um ba suh
  Uh we nuh qua shkuh wik!"

4 Oh mon oo mee mon duh,
  Ka 'zhe me kah goo yong;
Kah ge nig che bah bee ung id,
  Nin doo ge mah me non!
Oh mon oo kuh ke nuh,
  Zhuh wa ne me she nom,
Che meen zhe yong dush kah ge ga
  Uh nwa she moo no win!

HYMN 83. L. M.

1 He comes! he comes! the Judge severe!
The seventh trumpet speaks him near:
His lightnings flash; his thunders roll:
How welcome to the faithful soul!

2 From heaven angelic voices sound;
See the almighty Jesus crown'd!
Girt with omnipotence and grace;
And glory decks the Saviour's face.

3 Descending on his azure throne,
He claims the kingdoms for his own;
The kingdoms all obey his word,
And hail him their triumphant Lord.

4 Shout, all the people of the sky!
And all the saints of the Most High:
Our Lord, who now his right obtains,
For ever and for ever reigns.

NEW-YEAR.

HYMN 84. 4 6s & 2 8s.

1 The Lord of earth and sky,
  The God of ages, praise;
Who reigns enthroned on high,
  Ancient of endless days;

NUHGUHMOWIN 83. L. M.

1 Tuh gwe shin! Ta bah ko ne wa!
Pa shwa we dum puh pee bah gid;
Pe ko tah me go tah go ze;
Kah zhee tod, moo je gain duh zhe!

2 An gel nug pe sah sah qua wug,
O ge mah wuh be nid Je sus!
Ka gait pe go tah me gwee we;
Puh wah sa yeeng wa zood Je sus.

3 Pe o dah pe nuh mah de zo,
Ain duh ching o ge mah we nun;
Kuh ke nuh o da bwa tah goon,
Kuh ya o duh nuh me kah goon.

4 Sah sah qua yook suh kee nuh wah
Kuh ke nuh a nuh me ah yaig!
Je sus puh o dah pe ne nung,
Kah ge nig tuh o ge mah we.

OSHKEPEPOON.

NUHGUHMOWIN 84. 4 6s & 2 8s.

1 Ma moo yuh wuh mah dah,
  Ke ge che Koo se non!
Ish pe ming kah ge nig,
  Wa yu zah buh me nung!

Who lengthens out our trial here,
And spares us yet another year.

2 Barren and wither'd trees,
We cumber'd long the ground;
No fruits of holiness
On our dead souls were found;
Yet doth he us in mercy spare
Another and another year.

3 When justice bared the sword,
To cut the fig-tree down,
The pity of our Lord
Cried, "Let it still alone;"
The Father mild inclines his ear,
And spares us yet another year.

4 Jesus, thy speaking blood
From God obtain'd the grace,
Who therefore hath bestow'd
On us a longer space;
Thou didst in our behalf appear,
And, lo, we see another year!

5 Then dig about our root,
Break up the fallow ground,

Ka nwah bee ge se duh moo nung,
Ke be mah de ze win e non.

2 Ke nwainzh suh ke gee be
Ke be shkah non uh ke!
Kee mah jee ge toos' wung,
Mon duh ne bwah kah win;
Ka yah be dush ween go ah no,
Noong oom ke be mah de ze min.

3 Kuh wuh ook, e ke do,
Wah de bah ko ne nung,
"Ka go ween go noong oom!"
E ke do dush Je sus;
Wain je dush ta be qua sa shung,
Wah bun duh mung o shke pe boon.

4 Je sus, ke me squeem suh,
Ne wee doo kah go non,
Ka yah be dush o mah
Uh keeng tuh ne ze yong;
Kee be guh nuh wa ne me shong,
Nin doon je wah buh ne she min!

5 Mon oo wuh wa zhe toon,
Mah min o jee be kun;

And let our gracious fruit
To thy great praise abound:
O let us all thy praise declare,
And fruit unto perfection bear!

THE LORD'S SUPPER.

HYMN 85. S. M.

1 Let all who truly bear
The bleeding Saviour's name,
Their faithful hearts with us prepare,
And eat the Paschal Lamb.

2 This eucharistic feast
Our every want supplies;
And still we by his death are bless'd,
And share his sacrifice.

3 Who thus our faith employ,
His suff'rings to record,
E'en now we mournfully enjoy
Communion with our Lord.

4 We too with him are dead,
And shall with him arise;
The cross on which he bows his head,
Shall lift us to the skies.

Che mah jee ging dush nah,
Mon duh ne bwah kah win;
Oh mon oo suh, ain duh che yong,
Ke guh mah moo yuh wuh me goo!

JESUS ODOONAHGOSHE WEESENEWIN

NUHGUHMOWIN 85. S. M.

1 Mon oo suh kuh ke nuh
A nuh me ah she jig;
'Guh wee doo puh me go nah nig,
Mon duh wah mee je yung.

2 Mon duh wee koon de win,
Kuh ke nuh ta be sa;
Ke zhuh wain dah go ze min dush,
Ewh kee ne bo too nung.

3 Muh me quain duh mo wung,
O wee suh ge na win;
Ke muh we she min go ma gwah,
Je sus wee doo puh mung.

4 Ke weej ne boo mah non,
Kah be ne bo too nung;
Ke guh oom be we ne go non,
Ewh ah zhe da yah tig.

HYMN 86. C. M.

1 That doleful night before his death,
The Lamb for sinners slain,
Did, almost with his dying breath,
This solemn feast ordain.

2 To keep the feast, Lord, we have met,
And to remember thee:
Help each poor trembler to repeat,
"For me, he died for me!"

3 These sacred signs, thy suff'rings, Lord,
To our remembrance bring:
We eat and drink around thy board,
But think on nobler things.

4 O tune our tongues, and set in frame,
Each heart that pants for thee,
To sing "Hosanna to the Lamb,"
The Lamb that died for me!

BAPTISM.

HYMN 87. C. M.

1 Celestial Dove, descend from high,
And on the water brood:
Come, with thy quick'ning power apply
The water and the blood.

NUHGUHMOWIN 86. C. M.

1 Ta be kuk ewh che bwah ne sind,
Kah be ne bo too nung;
Ka gah go a ne shquah nah mood,
Mee oowh kah wee koong aid.

2 Ne wee o dah pe nah non suh
Wah uh shuh mee goo yong;
Mon oo, "Neen go kee oon je na!"
Ning uh e ke do min.

3 Pe non ze kuh mong dush mah min,
Wuh yah bun dah mong in;
Je sus ne me qua ne mah non,
Kah e nah pe nuh nind.

4 Oh mon oo pe wuh wa zhe toon,
Mah min nin da 'nah nin!
"Neen go Je sus, kee oon je na,"
Che 'zhe nuh guh mo shon.

KEKENUHWAHJEEDEWIN.

NUHGUHMOWIN 87. C. M.

1 Ish pe ming tuh zhe O mee mee,
Ne beeng suh pe boo neen;
Pee doon ke don je e wa win,
Ne be kuh ya me sque.

2 I love the Lord, that stoops so low
To give his word a seal;
But the rich grace his hands bestow
Exceeds the figure still.

3 Almighty God, for thee we call,
And our request renew;
Accept in Christ, and bless withal,
The work we have to do.

HYMN 88. S. M.

1 My Saviour's pierced side
Pour'd out a double flood;
By water we are purify'd,
And pardon'd by his blood.

2 Call'd from above, I rise,
And wash away my sin;
The stream to which my spirit flies
Can make the foulest clean.

3 It runs divinely clear,
A fountain deep and wide;
'Twas open'd by the soldier's spear,
In my Redeemer's side!

2 Nin zah ge ah, Nin doo ge mom,
Ka ke nuh wah je id;
Ewh dush ween go puh mee ge waid,
'Che nee gah nain dah gwud.

3 Ke che Mun e doo, Keen noong oom
Ke nun do duh mah goo;
Che be zhuh wain duh muh we yong
Mon duh a zhe twah yong.

NUHGUHMOWIN 88. S. M.

1 E mah o wee yuh wing,
Kah nuh non duh we id,
Kee be oon je je wun ne ne,
Pah ne e wa muh guk.

2 Un do me goo yon dush,
E we de ish pe ming,
Ne wuh ween ga ke zee bee gee,
Je sus o me squee ming.

3 Ke che wah sha guh me,
Mon duh pa me je wung;
Mee go e mah wah ne ze jig,
Che ge zee bee gee wod!

CHRISTMAS.

HYMN 89. C. M.

1 While shepherds watch'd their flocks by night
All seated on the ground,
The angel of the Lord came down,
And glory shone around.

2 "Fear not," said he, (for mighty dread
Had seized their troubled mind,)
"Glad tidings of great joy I bring
To you and all mankind.

3 "To you in David's town this day
Is born, of David's line,
The Saviour, who is Christ the Lord;
And this shall be the sign:

4 "The heavenly babe you there shall find
To human view display'd,
All meanly wrapp'd in swathing bands,
And in a manger laid."

5 Thus spake the seraph, and forthwith
Appear'd a shining throng
Of angels praising God, on high,
And thus address'd their song:

JESUS KEENEEGID.

NUHGUHMOWIN 89. C. M.

1 Ma gwah mon 'tain 'see we nen' wug
Nu nah muh duh be wod ;
An gel nun kee duh gwe she noon
Pe kuh noo ne go wod.

2 "Ka go ween sa ge ze ka goon,"
O gee be e go won;
"Ke be me nwah je mo too nim
Uh keeng ain duh che yaig.

3 "Noong oom ke nee ge tuh mah goom,
Da vid Wa gwe se jin,
Ish pe ming tuh zhe Mun e doo,
Na non duh we e wa:

4 "E zhah yook owh uh be noo jee
Ish pe ming wain je bod,
Uh wuh kon e we guh me goong,
Ke dah wah buh mah wah."

5 Kah ish quah kuh noo ne go wod
Kee wah sa yah ze wun;
Ish pe ming tuh zhe an gel nun,
Oowh kee e nuh uh moon.

6 "All glory be to God on high,
And to the earth be peace;
Good will henceforth, from heaven to men,
Begin and never cease."

READING THE SCRIPTURES.

HYMN 90. C. M.

1 Come, Holy Ghost, our hearts inspire,
Let us thine influence prove;
Source of the old prophetic fire,
Fountain of light and love.

2 Come, Holy Ghost, (for moved by thee
The prophets wrote and spoke,)
Unlock the truth, thyself the key,
Unseal the sacred Book.

3 Expand thy wings, celestial Dove,
Brood o'er our nature's night:
On our disorder'd spirits move,
And let there now be light.

4 God, through himself, we then shall know,
If thou within us shine;
And sound, with all thy saints below,
The depths of love divine.

6 "Kuh ke nuh mah moo yuh wuh mik,
Ma no Mun e doo wid;
Zhuh wain dah go ze win mee nod,
Uh keeng a yah ne jin."

AGINDUHMINGIN ENEWH OZHEBEEEGUNUN.

NUHGUHMOWIN 90. C. M.

1 Oon dah shon, ke che O je chog,
Wah sa shkah we she nom;
Keen kee oon je ke zhe zo wug,
Kah uh nwah che ga jig.

2 Oon dah shon, ke che O je chog,
Ween duh muh we she nom,
Che ne se do tuh mong mon duh
Ke ween duh mah ga win.

3 Pe wah sa shkuh muh we she nom,
E mah nin da e nong;
Ka gee beeng wa shkah go yong in,
Mon oo tuh mah jah wun.

4 Mee dush nah che ge ka ne mung,
Ke Mun e doo me non;
Ka che te mee muh guh de nig,
O zhuh wain je ga win.

HYMN 91. C. M.

1 Father of mercies, in thy word
What endless glory shines!
For ever be thy name adored
For these celestial lines.

2 Here may the wretched sons of want
Exhaustless riches find;
Riches above what earth can grant,
And lasting as the mind.

3 Here the fair tree of knowledge grows,
And yields a free repast;
Sublimer sweets than nature knows
Invite the longing taste.

4 Here the Redeemer's welcome voice
Spreads heavenly peace around;
And life and everlasting joys
Attend the blissful sound.

5 Divine Instructer, gracious Lord,
Be thou for ever near;
Teach me to love thy sacred word,
And view my Saviour there.

NUHGUHMOWIN 91. C. M.

1 Noo sa, pah tuh yee nuh doon suh,
Pa she gain dah gwuh kin,
E mah ke de ke do win ing,
Zha wa ne me yong in !

2 Ka che ke de mah ge ze jig,
Ke de ke do win ing,
Tah oon de nuh mah de zo wug,
Wah nuh de ze win un.

3 'Che Ne bwah kah win e Me tig,
Mee o mah mah jee gid;
Ah pe je go wah shko bung in,
Un doong a muh guh doon.

4 Mee o mah me no tah go zid,
Owh Nwah je moo e wa;
Kuh ke nuh dush nwon dah ga jig;
'Che moo je gain duh moog.

5 Nin dŏŏ ge mom kah ge nig suh
Mon oo wee jee we shin;
Ka gait dush che zah ge too yon,
Ke ween duh mah ga win.

FOR THE SABBATH.

HYMN 92. L. M.

1 Sweet is the work, my God, my King,
To praise thy name, give thanks, and sing
To show thy love by morning light,
And talk of all thy truth by night.

2 Sweet is the day of sacred rest,
No mortal cares disturb my breast;
O may my heart in tune be found,
Like David's harp of solemn sound!

3 When grace has purified my heart,
Then I shall share a glorious part,
And fresh supplies of joy are shed,
Like holy oil, to cheer my head.

4 Then shall I see, and hear, and know,
All I desired or wish'd below;
And every hour find sweet employ
In that eternal world of joy.

HYMN 93. S. M.

1 Welcome, sweet day of rest,
  That saw the Lord arise;
Welcome to this reviving breast,
  And these rejoicing eyes!

UHNUHMEA KEEZHIG.

NUHGUHMOWIN 92. L. M.

1 Nin doo ge mom wee shko bun suh,
Mon duh kuh nuh wah buh me non,
Kuh ba kee zhig me quain duh mon,
Mon duh ke zhuh wain je ga win.

2 Wee shko bun suh ke gee zhig oom,
Kah zhuh wain duh mo wum buh nan,
Oh mon oo tuh me nwa wa wuh,
Ne nuh guh mo we ne nah nin!

3 Uh pee ke wee doo kah ga win,
Kee pee ne da a shkah go yon;
Mee dush che pah pe nain duh mon
Kee be zhuh wa ne me goo yon.

4 Mee dush nah che wah bun duh mon,
Kuh ya go che ke kain duh mon;
Uh keeng ka da be e go yon,
Kuh ya e we de ish pe ming.

NUHGUHMOWIN 93. S. M.

1 Mee gwaich suh wa wa ne,
Ta gwe she noo muh guk,
Mon duh uh nuh me a kee zhig,
Che be zah ne uh yong!

2 The king himself comes near,
And feasts his saints to-day;
Here we may sit and see him here,
And love, and praise, and pray.

3 One day amidst the place
Where thou, my Lord, hast been,
Is sweeter than ten thousand days
Of pleasurable sin.

4 My willing soul would stay
In such a frame as this,
And sit and sing herself away
To everlasting bliss.

FAMILY WORSHIP.

HYMN 94. C. M.

1 Lord, in the morning thou shalt hear
My voice ascending high:
To thee will I direct my prayer,
To thee lift up mine eye:

2 Up to the hills where Christ is gone,
To plead for all his saints,
Presenting at the Father's throne
Our songs and our complaints.

2 O ge mah suh noong oom,
Kuh uh shuh me go non;
Pa shoo tuh be wuh wa nuh be,
Che wee doo puh me nung.

3 Kuh ba kee zhig pa shoo
Tuh nah ne mug Je sus,
Ning e che moo je ge da a,
Kee be zhuh wa ne mid.

4 Kah ge nig go o mah
Nin dah nuh nah muh dub;
Che nuh nuh puh guh mo shom bon,
Pah pe nain duh mo win.

AINDONG TUHZHEUHNUHMEONG.

NUHGUHMOWIN 94. C. M.

1 Nin doo ge mom, kuh ge zhaib suh,
Ke guh noon don mon duh,
Nin dah ne me tah go ze win,
Puh gwe sah buh me non.

2 Ke wee doo kah go non Je sus,
E we de ish pe ming;
Ween duh muh wod, Oo sun a zhe,
Ke de mah ge ze yung.

3 Thou art a God before whose sight
The wicked shall not stand;
Sinners shall ne'er be thy delight,
Nor dwell at thy right hand.

4 O may thy Spirit guide my feet
In ways of righteousness!
Make every path of duty straight,
And plain before my face.

5 Now to thy house will I resort,
To taste thy mercies there;
I will frequent thy holy court,
And worship in thy fear.

HYMN 95. S. M.

1 See how the morning sun
Pursues his shining way;
And wide proclaims his Maker's praise,
With every bright'ning ray.

2 Thus would my rising soul
Its heavenly Parent sing;
And to its great Original
The humble tribute bring.

3 Keen, Ka zha Mun e doo we yun,
Ka gee bah de ze jig,
Kah wee kah ke ge che ne kong,
Tuh nee buh we see wug.

4 Oh mon oo ke che O je chog,
Ning uh ne wee doo kog!
Che mah duh uh doo yon mee kons,
Ish pe ming a nuh moog.

5 Ke wee ge wah ming nin de zhah,
Che uh shuh me goo shon;
Kah ge nig ning uh noo je toon
Mon duh ke wee ge wom.

NUHGUHMOWIN 95. S. M.

1 E nuh mah buh kee zis,
Puh wah sa yah se gaid;
Min ze suh o de bah je mon,
Kah o zhe e go jin.

2 Kuh ya neen suh dush go,
Nin dah me nwah je mah,
Che nuh nuh guh mo tuh muh wug,
Kah be zhuh wa ne mid.

3 Serene I laid me down
  Beneath his guardian care:
I slept, and I awoke, and found
  My kind Preserver near!

4 My life I would anew
  Devote, O Lord, to thee:
And in thy service I would spend
  A long eternity.

HYMN 96. L. M.

1 My God, how endless is thy love!
  Thy gifts are every evening new:
And morning mercies from above,
  Gently descend like early dew.

2 Thou spread'st the curtains of the night,
  Great Guardian of my sleeping hours;
Thy sovereign word restores the light,
  And quickens all my drowsy powers.

3 I yield myself to thy command;
  To thee devote my nights and days;
Perpetual blessings from thy hand,
  Demand perpetual songs of praise.

3 Ning ee me no ne bah,
Kee guh nuh wa ne mid;
Qua shko ze yon, ka yah be go
Ning uh nuh wa ne mig.

4 Nim be mah de ze win,
Ke buh ge de nuh moon;
Che guh nuh wa ne me yun dush
Uh puh na kah ge nig.

NUHGUHMOWIN 96. L. M.

1 Ning e zha Mun e doom, ka gait,
Ke gee ke che zhuh wain je ga!
Ain duh so kee zhig uk ka gait,
Ke ge che me no too dah ga.

2 Je sus, ain duh so te bik uk,
Ke meenzh che me no ne bah yon;
Uh pee dush ko pah dah bung in,
Mee nuh wah ke be uh muh din.

3 Ke mee nin ning ee zhe go mun,
Kah ge nig wee buh mee too non;
Ke ge che mah moo yuh wuh min,
Kah ge nig zhuh wa ne me yun.

HYMN 97. C. M.

1 All praise to Him who dwells in bliss,
Who made both day and night:
Whose throne is darkness in th' abyss
Of uncreated night.

2 Each thought and deed his piercing eyes
With strictest search survey;
The deepest shades no more disguise,
Than the full blaze of day.

3 Whom thou dost guard, O King of kings,
No evil shall molest:
Under the shadow of thy wings,
Shall they securely rest.

4 Thy angels shall around their beds
Their constant stations keep:
Thy faith and truth shall shield their heads,
For thou dost never sleep.

5 May we with calm and sweet repose,
And heavenly thoughts refresh'd,
Our eyelids with the morn unclose,
And bless thee, ever bless'd.

NUHGUHMOWIN 97. C. M.

1 Kuh ke nuh mah moo yuh wuh mik
Kee zhig kah o zhe tood;
Kuh ya te bik, kah o zhe tood,
Owh wah sa yong a yod.

2 A nain duh mung, o wah bun don,
Ka nuh wah buh me nung;
Ke buh guh kah buh me go non
Ta bik uh de ne gin.

3 Ka nuh wa ne mud, Oh Je sus!
Tuh ke che wah nuh kee;
Ke guh nuh wa ning a win ing,
Tuh duh zhe wah nuh kee.

4 Mah mig suh ked an gel e mug,
Kee we tah uh ye ee,
O guh nuh wa ne mah won 'newh
Na bah she ne ne jin.

5 Mon oo suh qua shko ze yong in,
Ish pe ming a yah gin;
Ning uh muh me quain dah nah nin,
Che moo je gain duh mong.

HYMN 98. S. M.

1 We lift our hearts to thee,
O Day-star from on high!
The sun itself is but thy shade,
Yet cheers both earth and sky.

2 O let thy orient beams
The night of sin disperse,
The mists of error and of vice
Which shade the universe!

3 How beauteous nature now!
How dark and sad before!
With joy we view the pleasing change,
And nature's God adore.

4 O may no gloomy crime
Pollute the rising day;
Or Jesus' blood, like evening dew,
Wash all its stains away!

5 May we this life improve,
To mourn for errors past:
And live this short-revolving day,
As if it were our last.

6 To God, the Father, Son,
And Spirit, One in Three,
Be glory, as it was, is now,
And shall for ever be.

NUHGUHMOWIN 98. S. M.

1 Ke doom be nuh mah goo,
Mah min nin da 'nah nin,
Keen, wuh yah sa shkuh mah ga yun,
Wain je ke zhe zo yong.

2 Tuh guh mon oo noong oom,
Ke wah sa yah ze win;
Ning uh ing o shkuh mah go non,
Pah tah ze win e shun.

3 Noong oom o nah ne gwud,
Kee e shquah te bik uk;
Ke me nwah bun je ga min dush
Mon duh a zhe nuh mung.

4 Oh tuh guh go kah ween,
Noong oom che kee zhig uk,
Ning uh mah zhe che ga see min,
Ewh wee pee ne ze yong!

5 Wah ne bo shing in go,
Che e na ne mo shong;
Che ong wah me ze yong dush nah
Noong oom kuh ba kee zhig.

6 Kah ge ga Mun e doo,
Keen Na swah de ze yun;
Ke guh mah moo yuh wuh me goo
Uh puh na ka ge nig.

HYMN 99. C. M.

1 Giver and Guardian of my sleep,
To praise thy name I wake:
Still, Lord, thy helpless servant keep,
For thine own mercy's sake.

2 The blessing of another day
I thankfully receive:
O may I only thee obey,
And to thy glory live!

3 Vouchsafe to keep my soul from sin,
Its cruel power suspend,
Till all this strife and war within
In perfect peace shall end.

4 Upon me lay thy mighty hand,
My words and thoughts restrain:
Bow my whole soul to thy command,
Nor let my faith be vain.

5 Pris'ner of hope, I wait the hour
Which shall salvation bring;
When all I am shall own thy power,
And call my Jesus King.

NUHGUHMOWIN 99. C. M.

1 Che mah moo yuh wuh me non suh
Ning ee oon je ko shkoos;
Je sus kuh nuh wa ne me shin
Neen puh ya jee wee yon.

2 Mee qwaich wa te sah bun duh mon,
Mee nuh wah kee zhig uk;
Oh mon oo ke guh ta bwa toon,
Noong oom kuh ba kee zhig!

3 Kuh nuh wa nim suh nin je chog,
Che bah tah ze se won,
Kuh ke nuh che mah jah muh guk
Me go skahd' ze win un.

4 Mon oo kuh nuh wain dun mah min,
Nin de ke do win un;
Che ne ne bwah kah kee zhwa yon,
Ka duh so kee zhig uk.

5 Noo je mo win nim bah bee toon,
Ka de mah ge ze shon;
Ka gait go che e ke do yon
Je sus, Nin doo ge mom.

HYMN 100. C. M.

1 Now from the altar of our hearts
  Let warmest thanks arise ;
Assist us, Lord, to offer up
  Our evening sacrifice.

2 This day God was our sun and shield,
  Our keeper and our guide ;
His care was on our weakness shown,
  His mercies multiplied.

3 Minutes and mercies multiplied
  Have made up all this day ;
Minutes came quick, but mercies were
  More swift and free than they.

4 New time, new favours, and new joys,
  Do a new song require :
Till we shall praise thee as we would,
  Accept our hearts' desire.

HYMN 101. 6 *lines* 8s.

1 Captain of our salvation, take
  The souls we here present to thee,
And fit for thy great service make
  These heirs of immortality ;

NUHGUHMOWIN 100. C. M.

1 Mon oo noong oom o nah go shig,
Tuh buh ze gwee muh gud,
Mah moo yuh wuh gain duh mo win,
E mah nin da e nong.

2 Ta ba ning a, kuh ba kee zhig,
Ke wee doo kah go non;
Kee nuh wind puh ya jec we shung,
Pe me ño too doo nung.

3 Ka gait suh ke zhee kah kee zis,
Ain duh so kee zhig uk;
Nuh wuj dush ween ke zhee kah ne,
O zhuh wain je ga win.

4 O shke zhuh wain je ga win un,
Kah be meenzh e yong in;
O shke mah moo yuh wa win un,
Nin dah nuh guh mo min.

NUHGUHMOWIN 101. 6 *lines* 8s.

1 Noo je mo e wa O ge mah,
Te ba nim mah ne goo yuh nin,
E nah koon che buh mee too quah,
Ish pe ming dush che e zhah wod;

And let them in thine image rise,
And then transplant to paradise.

2 Unspotted from the world, and pure,
  Preserve them for thy glorious cause,
Accustom'd daily to endure
  The welcome burden of thy cross;
Inured to toil and patient pain,
Till all thy perfect mind they gain.

3 Our sons henceforth be wholly thine,
  And serve and love thee all their days;
Infuse the principle divine
  In all who here expect thy grace;
Let each improve the grace bestow'd:
Rise every child a man of God!

2 Train up thy hardy soldiers, Lord,
  In all their Captain's steps to tread;
Or send them to proclaim thy word,
  Thy gospel through the world to spread,
Freely as they receive to give,
And preach the death by which we live!

Mon oo tuh ne mah jee ge wug,
Ke de nain dah go ze win ing!

2 Mee dah gwa nuh mowh kuh ke nuh,
Ma je too dah ga muh guh kin,
Che ne puh mee too quah dush nah,
Ka duh so kee zhig uh de nig;
Aish kum che muh shkuh we zee wod,
Nuh nonzh go che ne bwah kah wod!

3 Mon oo ke guh zah ge e goog,
Ning we se nah nig kah ge nig;
Kuh ke nuh mah jee ge tuh mowh,
Mon duh ke de nain duh mo win;
E mah dush me no Mun e doong,
Che e zhe ne tah we ge wod!

4 Ta ba ning a, kee zhee tah we,
Mah mig ke doo shke nuh wa mug,
Che buh bah ween duh mah ga wod,
Mon duh Ke me nwah je mo win·
Kah puh ge de nuh muh wuh dwah,
Che buh bah mee ge wa she wod!

A MORNING HYMN.

HYMN 102. L. M.

1 Awake, my soul, and with the sun
Thy daily stage of duty run:
Shake off dull sloth, and early rise,
To pay thy morning sacrifice.

2 Redeem thy misspent moments past,
And live this day as if thy last;
Thy talents to improve take care;
For the great day thyself prepare.

3 Let all thy converse be sincere,
Thy conscience as the noon-day clear;
For God's all-seeing eye surveys
Thy secret thoughts, thy words and ways.

4 Wake, and lift up thyself, my heart,
And with the angels take thy part;
Who all night long unwearied sing
High glory to the eternal King.

5 Praise God, from whom all blessings flow;
Praise him, all creatures here below;
Praise him above, ye heavenly host;
Praise Father, Son, and Holy Ghost.

KUHGEZHAIB NUHGUHMOWIN.

NUHGUHMOWIN 102. L. M.

1 Um ba o nesh kon nin je chog,
Kuh ba kee zhig suh uh no keen;
Wa be nun ke te me shke win,
Kuh ge zhaib dush nah te bun doon.

2 Te besh koo go wah ne boong in
Noong oom kee zhe guk e nain dun;
Um ba wuh weeng a kee zhee ton,
Che be de bah ko ne goo yun.

3 Mon oo me no kah gee ge doon,
Ka oon je wah sa yain duh mun;
Ke wah buh mig mah Mun e doo,
Ewh a zhe pe mah de ze yun.

4 Ko shko zin, puh ze gween, nin da,
Wee doo kowh e gewh an gel nug;
Kuh ba de bik na guh mo jig,
Je sus sah quah duh muh wah wod.

5 Mah moo yuh wuh mah dah mah buh
Wain je zhuh wain dah go ze yung,
Wa yoo se mind, Wa gwe se mind,
Kuh ya Pah ne zid O je chog.

AN EVENING HYMN.

HYMN 103. L. M.

1 Glory to thee, my God, this night
For all the blessings of the light;
Keep me, O keep me, King of kings,
Beneath thine own almighty wings!

2 Forgive me, Lord, for thy dear Son,
The ill that I this day have done;
That, with the world, myself, and thee,
I, ere I sleep, at peace may be.

3 Teach me to live, that I may dread
The grave as little as my bed;
Teach me to die, that so I may
Rise glorious at the awful day.

4 O let my soul on thee repose!
And may sweet sleep mine eyelids close;
Sleep that shall me more vigorous make,
To serve my God when I awake.

5 If in the night I sleepless lie,
My soul with heavenly thoughts supply
Let no ill dreams disturb my rest,
No powers of darkness me molest.

ONAHGOSHE NUHGUHMOWIN.

NUHGUHMOWIN 103. L. M.

1 Ke mah moo yuh wuh min noong oom,
Je sus kee zhuh wa ne me yun;
Uh ne kuh nuh wa ne me shin,
Ke guh nuh wa ning a win ing!

2 Kah muh je doo doo no wah nan,
Noong oom kah be me kee zhig uk;
Mon oo, zuh yah ge ud, Ke gwis,
Oon je wa be nuh muh we shin.

3 Ke ke noo uh muh we shin suh,
Ka e zhe pe mah de ze yon;
Che za ge ze se won dush nah,
Uh pee te bah ko ne goo yon.

4 Oh kuh nuh wa nim nin je chog,
Noong oom che me no ne bah yon!
Kee go shko ze yon dush nuh wuj,
Kuh ga tin che buh mee too non.

5 Keesh pin suh na bah see wah nan,
Ish pe ming ning uh me quain don;
Kah ween mah nah bun duh mo win,
Ning uh nee skah je e go seen.

CHRIST'S COMPASSION FOR THE TEMPTED.

HYMN 104. C. M.

1 With joy we meditate the grace
Of our High Priest above;
His heart is made of tenderness,
His bowels yearn with love.

2 Touch'd with a sympathy within,
He knows our feeble frame;
He knows what sore temptations mean,
For he hath felt the same.

3 He in the days of feeble flesh
Pour'd out his cries and tears;
And, though exalted, feels afresh
What every member bears.

4 He'll never quench the smoking flax,
But raise it to a flame;
The bruised reed he never breaks,
Nor scorns the meanest name.

5 Then let our humble faith address
His mercy and his power:
We shall obtain delivering grace
In the distressing hour.

CHRIST KEDEMAHGANEMOD WAJAHNEMEINJIG

NUHGUHMOWIN 104. C. M.

1 Ke moo je gee me quain dah non
Je sus wee doo koo nung,
Ka gait o moo shke na shkah goon
O zhuh wain je ga win.

2 Ah pe je o gwuh yuh quain don,
A zhe pa jee wee shung,
O gee ke kain don mah a zhe
Kuh gwa je e goo yung.

3 Ma gwah we yos kee wee yuh wid
Kee puh bah muh da mo;
Ka yah be dush go ish pe ming,
Ke wee doo kah go non.

4 Kah ween o dah ah ta uh zeen
Ewh wah be skuh na tood;
Ka de mah ge ze she ne jin
O me no too duh won.

5 Un do duh muh wah dah suh dush
O zhuh wain je ga win,
Ke guh wee doo kah go non suh
Qua duh gain duh mung oon.

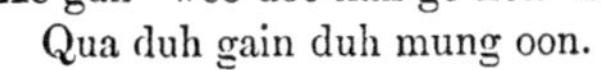

SUNDAY-SCHOOL HYMNS.

HYMN 105. L. M.

THE BIBLE.

1 This is a precious book indeed!
Happy the child that loves to read!
'Tis God's own word which he has given
To show our souls the way to heaven.

2 It tells us how the world was made;
And how good men the Lord obey'd;
Here his commands are written too,
To teach us what we ought to do.

3 It bids us all from sin to fly,
Because our souls can never die;
It points to heaven where angels dwell,
And warns us to escape from hell.

4 But what is more than all beside,
The Bible tells us, Jesus died!
This is its best, its chief intent,
To lead poor sinners to repent.

UHNUHMEA KEEZHIG KEKENOOUHMAH-DEE NUHGUHMONUN.

NUHGUHMOWIN 105. L. M.

KECHE MUHZENUHEGUN.

1 Ka gait ke che o ne she shin,
Mun e doo o de ke do win!
Ween go ke gee mee ne go non,
E noo uh moo nung ish pe ming.

2 Mee mon duh won duh mah go yung,
Uh ke kee o zhe che gah daig;
Mee kuh ya go o mah uh taig,
Mah min o guh gee qua win un.

3 Kuh ke nuh che go tuh mung ewh,
Pah tah ze win, ke de go non;
Ish pe ming suh che e zhah yung,
Ke de zhe ween duh mah goo min.

4 Kuh ya ke ween duh mah go non,
Je sus kee be ne bo too nung;
Mee mon duh nuh gah nee muh guk,
Che gwa keed owh puh yah tah zid.

5 Be thankful, children, that you may
Read this good Bible every day:
'Tis God's own word which he has given
To show your souls the way to heaven.

HYMN 106. C. M.

1 How glorious is our heavenly King,
Who reigns above the sky!
How shall a child presume to sing
His dreadful majesty!

2 How great his power is none can tell,
Nor think how large his grace;
Not men below, nor saints that dwell,
On high before his face.

3 Not angels that stand round the Lord,
Can search his secret will;
But they perform his heavenly word,
And sing his praises still.

4 Then let me join this holy train,
And my first offerings bring;
Th' eternal God will not disdain
To hear an infant sing.

5 Uh be noo jee ye dook mon oo,
Mah moo yuh wuh gain duh mook;
Ke kain duh maig ewh Mun e doo,
O nun doong a win ish pe ming!

NUHGUHMOWIN 106. C. M.

1 Ke che pe she gain dah go ze,
Ke doo ge mah me non;
Uh be noo jee nuh dush o dah,
Nuh nuh guh mo tuh won?

2 A pee tain dah gwuh de nig ewh,
O Mun e doo we win,
Kah ween uh we yuh o dah da
Ke kain duh mah go seen.

3 Kuh ya ish pe ming a yah jig,
Wah suh noon da sa wug;
O buh mee tuh wah won dush ween,
Na guh mo tuh wah jig.

4 Mon oo suh kuh ya neen ma gwah'
Uh be no jee we yon;
Ning uh nuh nuh guh mo tuh wah
Ning e zha Mun e doom.

5 My heart resolves, my tongue obeys,
And angels shall rejoice
To hear their mighty Maker's praise
Sound from a feeble voice.

HYMN 107. L. M.

1 Great God! to thee my voice I raise,
To thee my youngest hours belong;
I would begin my life with praise,
Till growing years improve the song.

2 'Tis to thy sovereign grace I owe
That I was born on Christian ground,
Where streams of heavenly mercy flow,
And words of sweet salvation sound.

3 How do I pity those that dwell
Where ignorance and darkness reigns!
They know no heaven, they fear no hell;
Those endless joys, those endless pains.

4 Thy glorious promises, O Lord,
Kindle my hopes and my desire;
While all the preachers of thy word
Warn me to 'scape eternal fire.

5 Tuh ge che moo je gain duh moog
Ish pe ming a yah jig;
Noon duh wah wod nuh guh mo nid,
A gah shee ye ne jin.

NUHGUHMOWIN 107. L. M.

1 Keen, ka che Mun e doo we yun,
Ke wee nuh nuh guh mo tuh moon;
Pe jee nug mah jee na sa yon,
Ke wee ne mah moo yuh wuh min.

2 Mee suh ewh zhuh wa ne me yun,
Kah oon je nee ge yon o mah,
Ain duh zhe ke kain je gah daig,
Mon duh ke me nwah je mo win.

3 Ning e de mah ga ne mog dush,
Puh suh go te bik a yah jig!
Ke kain duh ze wod, ish pe ming,
Ko tun ze wod ewh ish ko da.

4 Oh Ta ba ning a, mee gwaich suh,
O nah ne gwain duh mo e yun;
Kuh ya go ween duh mah goo yon,
Che e zhah se won ish ko dang.

5 Thy praise shall still employ my breath,
  Since thou hast mark'd my way to heaven;
Nor will I run the road to death,
  And waste the blessings thou hast given.

HYMN 108. S. M.

1 The praises of my tongue
  I offer to the Lord,
That I was taught and learn'd so young
  To read his holy word.

2 That I am brought to know
  The danger I am in,
By nature, and by practice too,
  A wretched slave to sin.

3 That I am led to see
  I can do nothing well;
And whither shall a sinner flee
  To save himself from hell?

4 Dear Lord, this book of thine
  Informs me where to go
For grace to pardon all my sin,
  And make me holy too.

5 Ke guh mah moo yuh wuh min suh,
Kee wah bun duh e yun mee kons,
Kah ween ne bo win e mee kun,
Ning uh ne noo pe nuh dun zeen.

NUHGUHMOWIN 108. S. M.

1 Ne wuh we zhain dum suh,
Ne se duh we nuh mon,
Ma gwah uh be noo jee we yon,
Ewh muh ze nuh e gun.

2 Pe ween duh mah goo shon
Ke de mah ge ze yon;
A zhe ko duh ge e go yon,
Nim bah tah ze win ish.

3 Wah bun duh e goo shon,
A zhe pa jee wee yon;
Che da ne bwah kah se wom bon,
Wee doo kah goo se won.

4 Ning e zha Mun e doom,
Ne ween duh mah go shin,
Mon duh ke muh ze nuh e gun,
Ka e zhe che ga yon.

5 Here I can read and learn
How Christ, the Son of God,
Has undertook our great concern;
Our ransom cost his blood.

6 And now he reigns above,
He sends his Spirit down,
To show the wonders of his love,
And make his gospel known.

7 O may that Spirit teach,
And make my heart receive
Those truths which all thy servants preach,
And all thy saints believe!

5 Mee o mah ka oon je
Puh guh kain duh mom bon;
Kee be nuh non duh we e nung,
Koo se non O gwe sun.

6 Ish pe ming dush noong oom,
Tuh zhe Mun e doo we,
Puh oon je nee se nah zhuh wod
Ke che O je chah gwun.

7 Oh e nuh shka mon oo,
Ke ge che O je chog,
Ning uh wee doo kog kuh ke nuh,
Che o dah pe nuh mon!

MISSIONARY HYMN.

1 From Greenland's icy mountains;
From India's coral strand;
Where Afric's sunny fountains
Roll down their golden sand;
From many an ancient river;
From many a palmy plain;
They call us to deliver
Their land from error's chain.

2 What though the spicy breezes
Blow soft o'er Ceylon's isle,
Though every prospect pleases,
And only man is vile;
In vain with lavish kindness
The gifts of God are strown;
The heathen in his blindness
Bows down to wood and stone.

3 Shall we, whose souls are lighted
With wisdom from on high,
Shall we to men benighted
The lamp of life deny?
Salvation! O salvation!
The joyful sound proclaim,
Till each remotest nation
Has learn'd Messiah's name!

4 Waft, waft, ye winds, his story,
And you, ye waters, roll,
Till, like a sea of glory,
It spreads from pole to pole:
Till o'er our ransom'd nature
The Lamb for sinners slain,
Redeemer, King, Creator,
In bliss returns to reign.

A SELECTION

OF

H Y M N S

FROM THE TRANSLATIONS OF THE

REV. JAMES EVANS AND GEORGE HENRY.

EXHORTING SINNERS TO RETURN TO GOD.

HYMN 109. L. M.

1 "Ho! every one that thirsts, draw nigh:"
  ('Tis God invites the fallen race;)
"Mercy and free salvation buy;
  Buy wine, and milk, and gospel grace.

2 "Come to the living waters, come!
  Sinners, obey your Maker's call:
Return, ye weary wand'rers, home,
  And find my grace is free for ALL.

3 "See from the Rock a fountain rise!
  For you in healing streams it rolls;
Money ye need not bring, nor price,
  Ye lab'ring, burden'd, sin-sick souls.

4 "Why seek ye that which is not bread,
  Nor can your hungry souls sustain?
On ashes, husks, and air, ye feed;
  Ye spend your little all in vain.

5 "Hearken to me with earnest care,
  And freely eat substantial food;

KUHGAHNOMINDWAH EGEWH MAJE EZHEWABEZEJIG CHENAHZEKUHWAHWOD ENEWH KEZHA MUNEDOON.

NUHGUHMOWIN 109. L. M.

1 Kuh ke nuh kah shkah bah gwa yaig,
Me no Mun e doo pe e zhog;
Wa ne puzh o dah pe nuh mook,
'Newh o zhuh wain je ga win un.

2 Pe me ne quaig pa me je wung!
Pe e zhah yook, ain do me naig;
Wa ne puzh, pe nah ze kuh wik,
Wa ne puzh, zhuh wa ne me naig.

3 Nuh! uh sin eeng oon je je wun,
Nwah je mwah bah wuh ne go yaig;
Wa ne puzh, pe nāh ze kuh mook,
Kuh ke nuh gwa duh gain duh maig.

4 Tah neesh nah un do na uh maig
Ning ood a nah buh duh se noog?
Ping we kuh ya mēē zhuh shko shun,
Pa kuh da e go ya goon 'go.

5 Pe zin duh we shig wa wa ne,
Mee je yook ewh ne mee je mim;

The sweetness of my mercy share,
And taste that I alone am good.

6 "Your willing ear and heart incline,
My words believingly receive:
Quicken'd your souls by faith divine,
An everlasting life shall live."

HYMN 110. L. M.

1 Sinners, obey the gospel word;
Haste to the supper of my Lord;
Be wise to know your gracious day;
All things are ready, come away!

2 Ready the Father is to own
And kiss his late-returning son:
Ready your loving Saviour stands,
And spreads for you his bleeding hands.

3 Ready the Spirit of his love,
Just now the stony to remove;
T' apply, and witness with the blood,
And wash and seal the sons of God.

4 Ready for you the angels wait,
To triumph in your blest estate:
Tuning their harps, they long to praise
The wonders of redeeming grace.

Ke kain duh mook ma nwain dah gwuk,
Neen a tuh o ne she she yon.

6 Ta bwa tuh we shig muh yah num,
Noong oom wee da be me nuh goog,
Ish pe ming ke je chah go wog,
Ka oon je tuh gwe she no wod.

NUHGUHMOWIN 110. L. M.

1 Ma je e zhe wa be ze yaig,
Noon duh mook, me nwah je mo win;
Ne bwah kog che ge kain duh maig,
Uh nooj ka goo kee gee zhe sing.

2 Kee zhee tah, we oo jee me naig
Ish pe ming a yod Koo se wah;
Kee zhee tah nwah je mo e naig,
Ke zhee be ne ka tah go wah.

3 Ke zhee tah wun O je chah gwun,
Wee e ko nung muh yah nah duk;
We ge kain duh moo ne naig ewh
Zhuh wa ne me naig Koo se wah.

4 An gel nug kah gee zhee tah wug,
Pah bee e na gwah ish pe ming;
Me nwa wa che ga wug a peech
Ke che moo je gain duh mo wod.

5 The Father, Son, and Holy Ghost,
Are ready, with their shining host:
All heaven is ready to resound,
"The dead's alive! the lost is found!"

HYMN 111. 10s & 11s.

1 Ye thirsty for God, to Jesus give ear,
And take, through his blood, a power to draw near:
His kind invitation, ye sinners, embrace,
Accepting salvation, salvation by grace.

2 Sent down from above, who governs the skies,
In vehement love, to sinners he cries,
"Drink into my Spirit! who happy would be,
And all things inherit, by coming to me."

3 O Saviour of all, thy word we believe,
And come at thy call, thy grace to receive;
The blessing is given, wherever thou art:
The earnest of heaven is love in the heart.

4 To us, at thy feet, the Comforter give,
Who gasp to admit thy Spirit, and live;
The weakest believers acknowledge for thine,
And fill us with rivers of water divine!

5 Wa yoo se mind, Wa gwe se mind,
Kuh ya Bah ne zid O je chog,
Kuh ke nuh moo je gain duh moog,
Me kah goo yaig wa ne she naig.

NUHGUHMOWIN 111. 10s & 11s.

1 Kah shkah bah gwa yaig Je sus noon duh wik,
Pe uh pa ne mo yook, ewh o me squeem;
Ta bwa tuh wik noong oom ewh un do me naig
Ke wee doo kah go wah zhuh wa ne me naig.

2 Ish pe ming wain je nee se nuh moo naig,
Ma nwa ning aid oowh e zhe pee bah ge,
"Wah me no uh yod oowh o guh me ne quain,
Nah ze kuh wid tuh ge che wah nuh de ze."

3 Nwah je mo e wa, ke da bwa tah goo,
Ke wee doo kah ga win wee uh yah mong,
Min ze mah ke nun duh zhe zhuh wain je ga,
Kee zhah uh yong ish pe ming 'mah o da ing.

4 Ke ze dong ke nun duh zhe mēē zhe min,
Ke je chog ka che me nwain dah go zid;
Ning e kain dah non ewh te ba ne me yong,
See beeng e zhe je wun zha wa ne me yong.

THE PLEASANTNESS OF RELIGION.

HYMN 112. 7s & 6s.

1 Maker, Saviour of mankind,
  Who hast on me bestow'd
An immortal soul, design'd
  To be the house of God:
Come, and now reside in me,
  Never, never to remove;
Make me just, and good, like thee,
  And full of power and love.

2 Bid me in thy image rise,
  A saint, a creature new;
True, and merciful, and wise,
  And pure, and happy too:
This thy primitive design,
  That I should in thee be bless'd;
Should, within the arms divine,
  For ever, ever rest.

3 Let thy will on me be done;
  Fulfil my heart's desire,
Thee to know and love alone,
  And rise in raptures higher:

AZHE ONESHESHING EWH UHNUHMEAHWIN.

NUHGUHMOWIN 112. 7s & 6s.

1 Kah noo je moo e wa yun,
Kee mēē zhe wum buh nan,
Nin je chog pa mah de zid,
Wee zhuh wa ne me yun;
Pe peen de ga shkuh we shin,
Mōō zhug che ge ge shkoo non,
Che be quuh yuh que e yun,
Che me nwa ne me non.

2 A zhe wah sa yah ze yun,
Noong oom e zhe e shin!
Ke che zhuh wain je ga yon,
Che me no uh yah yon;
Mee oowh a na ne me yun,
Che zhuh wain dah go ze yon;
Che uh nwa she moo no yon,
Kah ge nig ke ne kong.

3 A nain duh mun suh noong oom,
'Zhe zhuh wa ne me shin
Che quuh yuh qua ne me non,
Che 'ne oom be shkah yon;

Thee, descending on a cloud,
  When with ravish'd eyes I see,
Then I shall be fill'd with God
  To all eternity!

HYMN 113. 6 *lines* 7s.

1 Weary souls, that wander wide
  From the central point of bliss,
Turn to Jesus crucified,
  Fly to those dear wounds of his:
Sink into the purple flood:
Rise into the life of God.

2 Find in Christ the way of peace,
  Peace, unspeakable, unknown:
By his pain he gives you ease,
  Life by his expiring groan:
Rise, exalted by his fall;
Find in Christ your all in all.

3 O believe the record true,
  God to you his Son hath given!
Ye may now be happy too:
  Find on earth the life of heaven:
Live the life of heaven above,
All the life of glorious love.

Pe nāh zheen, ah nuh quuh doong
  Che buh guh kah buh me non;
Che moo shke na shkuh we yun,
  Uh puh na kah ge nig!

NUHGUHMOWIN 113. 6 *lines* 7s.

1 Ka che uh ya ko ze yaig,
  Ewh puh bah wuh ne she naig,
Je sus pe nāh ze kuh wik,
  Kee nuh wah kee oon je na;
O me queem ing uh yah mook,
Me no pe mah de ze win.

2 Me kuh mook, ewh ma nwuh mook,
  Je sus kah be o zhe tood;
Kee ge ge wee suh gain dung,
  Ke doon je pe mah de ze min:
Ah pe je go kuh ke nuh
Me kuh mook wah uh yah maig.

3 Ta bwa ya ne mik e suh
  O gwe sun kee mee ne naig!
Ke che me no uh yah yook,
  Ewh pe zhuh wa ne me naig:
Ish pe ming a yah muh guk,
Ke zhuh wa ne me go wah.

4 This the universal bliss,
Bliss for every soul design'd;
God's original promise this,
God's great gift to all mankind;
Bless'd in Christ this moment be!
Bless'd to all eternity!

THE GOODNESS OF GOD.

HYMN 114. 4 6s & 2 8s.

1 Stung by the scorpion, sin,
My poor expiring soul
The balmy sound drinks in,
And is at once made whole:
See there my Lord upon the tree!
I hear, I feel, he died for me.

2 O unexampled love!
O all-redeeming grace!
How swiftly didst thou move
To save a fallen race!
What shall I do to make it known
What thou for all mankind hast done?

3 O for a trumpet voice
On all the world to call!

4 Kuh ke nuh ain duh che wind
Ah no we zhuh wain je ga;
Kah e ke do go buh nan,
Pe e zhe, zhuh wain je ga;
Noong oom zhuh wain dah go zig
Kuh ya dush e go mōō zhug!

OZHUHWAINJEGAWIN OWH MENO MUNEDOO.

NUHGUHMOWIN 114. 4 6s & 2 8s.

1 Muh je uh ye ee wish,
Ka gah na se go yon,
Ning ee e zhe me kon
Nwah je mo e go yon;
Wah buh mik owh Ta ba ning a
Uh goo jing e mah me te goong!

2 Oh Ma nwa ning a yun!
Oh Wah doo kah ga yun!
Ke gee wa wee be tah
Noo je mo e wa yun!
Tah neen ka e zhe che ga yon,
Min ze che ke ka ne me quah?

3 Oh pa gish kuh ke nuh
Uh keeng ka da bwa waig!

To bid their hearts rejoice
In him who died for all!
For all my Lord was crucified;
For all, for all, my Saviour died!

HYMN 115. C. M.

1 Lovers of pleasure more than God,
For you he suffer'd pain;
Swearers, for you he spilt his blood:
And shall he bleed in vain?

2 Misers, for you his life he paid;
Your basest crime he bore:
Drunkards, your sins on him were laid,
That you might sin no more.

3 The God of love, to earth he came,
That you might come to heaven;
Believe, believe in Jesus' name,
And all your sin's forgiven.

4 Believe in him that died for thee,
And, sure as he hath died,
Thy debt is paid, thy soul is free,
And thou art justified.

Noong oom uh yoo yom bon
Che ween duh mah ga yon;
Owh Ta ba ning a kuh ke nuh,
Kuh ke nuh go kee oon je na!

NUHGUHMOWIN 115. C. M.

1 Ma nwain duh maig uh keeng a yog,
Ma je 'zhe che ga yaig,
Kee nuh wah kee be oon je na,
Wee noo je mo e naig.

2 Za zah ge ze yaig, kuh ya go
Kah wuh shqua bee shke yaig,
Kee be oon je ko duh gain dum
Ewh che ne bwah kah yaig.

3 Me nwa ning aid kee be e zhah,
Ish pe ming che 'zhah yaig;
Ta bwa ya ne mik pah be ga,
Che zhuh wa ne me naig.

4 Mŭh ze nuh e ga ya go bun,
O gee be gee zhee kon;
Keesh pin dush ta bwa ya ne maig
Kuh zhuh wa ne me go wah.

ON DEATH.

HYMN 116. S. M.

1 And am I born to die?
To lay this body down?
And must my trembling spirit fly
Into a world unknown?—
A land of deepest shade,
Unpierced by human thought;
The dreary regions of the dead,
Where all things are forgot.

2 Soon as from earth I go,
What will become of me?
Eternal happiness or wo
Must then my portion be:
Waked by the trumpet's sound,
I from my grave shall rise,
And see the Judge with glory crown'd,
And see the flaming skies.

3 How shall I leave my tomb?
With triumph or regret?
A fearful, or a joyful doom,
A curse or blessing meet?
Will angel-bands convey
Their brother to the bar?

NEBOWIN.

NUHGUHMOWIN 116. S. M.

1 Wee ne bo yon e nuh
Ning ee oon je nee gish?
Muh yug tuh nuh kee win ing 'nuh
Nin je chog tuh e zhah?
Pa suh go te be kuk
Ewh quuh yuh quain duh zeeng;
Ain duh nuh kee wod na bo jig,
Ka goo uh yah se noog.

2 Uh keeng kee mah jah yon,
Tah neen ka do wah nan?
Ka e zhe uh yah gwain e ewh
Ka duh nuh kee wah nan?
Pe be gwun muh dwa waig
Ning uh ah be jee bah;
Che be de bah ko ne goo yon,
Kee zhig che zuh ke daig!

3 Kee ah be jee bah yon
Nin jee ba guh me goong;
Ke kain duh ze won nah noong oom
Ka doo dah goo wuh nan;
Ish pe ming mah ee doog
Ning uh e zhah me doog?

Or devils drag my soul away,
  To meet its sentence there!

4 Who can resolve the doubt
  That tears my anxious breast?
Shall I be with the damn'd cast out,
  Or number'd with the blest?
I must from God be driven,
  Or with my Saviour dwell;
Must come at his command to heaven,
  Or else—depart to hell.

ON THE JUDGMENT.

HYMN 117. C. M.

1 Wo to the men on earth who dwell,
  Nor dread th' Almighty's frown;
When God doth all his wrath reveal,
  And shower his judgment down!

2 Sinners, expect those heaviest showers;
  To meet your God prepare!
For lo! the seventh angel pours
  His phial in the air.

Ko ne mah kuh ya ish ko dang
  Che go duh gan duh mon !

4 Wa nain ka guh shke tood
  Che o ne she she tood ?
Mon duh o jah ne main duh mon
  Nuh nee zah nain duh zhon ?
Ko ne mah suh Je sus
  Ning uh o dah pe nig ;
Ko ne mah kuh ya ish ko dang
  Ning uh uh puh ge nig.

TEBAHKONEWAWIN.

NUHGUHMOWIN 117. C. M.

1 Qua sah se goog 'che Mun e doon,
  Ne shkah buh me go wod ;
Tuh guh gwah ne suh ge ze wug,
  Te bah ko ne go wod.

2 Ma je e zhe wa be ze yaig
  Kee zhee tah yaig a tuh,
Ke guh me no wah buh mah wah,
  Ke Mun e doo me wah !

3 Lo! from their seats the mountains leap,
The mountains are not found;
Transported far into the deep,
And in the ocean drown'd.

4 Who then shall live, and face the throne,
And face the Judge severe?
When heaven and earth are fled and gone,
O where shall I appear?

5 Now, only now, against that hour
We may a place provide;
Beyond the grave, beyond the power
Of hell, our spirits hide:

6 Firm in the all-destroying shock,
May view the final scene:
For lo! the everlasting Rock
Is cleft to take us in.

PRAYING FOR A BLESSING.

HYMN 118. C. M.

1 Thou Son of God, whose flaming eyes
Our inmost thoughts perceive,
Accept the evening sacrifice,
Which now to thee we give.

3 Wuh je wun mah jee be da wun,
Kah dush me kuh zee nun!
Ke che guh meeng kee e pe daig
Kee o duh kee sa wun.

4 Wa nain dush ka be mah de zid
Che de bah ko ne goong?
Tah neen de che uh yah wah nan
Uh ke kee ung o shkog?

5 Noong oom, noong oom e go a tuh
Ke dah gee zhee tah min;
Uh wuh she ma ne bo win ing,
Ke dah gah gah zo min.

6 Uh pee nuh ning e shkog uh ke
Ke guh wah nuh kee min;
Kah ge ga Uh sin tuh we shkah
Ke che been de ga yung!

UNDODUHMAHGANG ZHUHWAINDAHGOZEWIN.

NUHGUHMOWIN 118. C. M.

1 Wa gwe se mik Wa yoo se mind,
Ka nuh wah buh me yong,
Uh yon ewh te bun dah goo yun
Noong oom o nah gwe shig.

2 We bow before thy gracious throne,
And think ourselves sincere;
But show us, Lord, is every one
Thy real worshipper?

3 Is here a soul that knows thee not,
Nor feels his want of thee?
A stranger to the blood which bought
His pardon on the tree?

4 Convince him now of unbelief;
His desperate state explain:
And fill his heart with sacred grief,
And penitential pain.

5 Speak with that voice which wakes the dead,
And bid the sleeper rise!
And bid his guilty conscience dread
The death that never dies.

6 Extort the cry, "What must be done
To save a wretch like me?
How shall a trembling sinner shun
That endless misery?

7 "I must this instant now begin
Out of my sleep t' awake;
And turn to God, and every sin
Continually forsake:

2 Ke zhuh guh shkee tah goo noong oom,
Puh gwe sa ne mo yong;
Ain duh che yong e nuh ka gait,
Nin da bwa yain dah min?

3 Uh yah nuh o mah uh we yah
Ka ka ne me se nook?
Pa bah main duh zig kuh nuh ga
Ke zhuh wain je ga win?

4 Ween duh mowb nuh nee zah ne zid,
Ewh ta bwa yain duh zig;
Moo shke nuh duh mowh o da ing
Kee sah dan duh mo win.

5 Uh yah be zee shkah good na bood,
Uh yoon che guh noo nud!
Mon oo dush o guh go ton ewh
Kah ge ga ne bo win!

6 Kuh shke na ning e za ge zid
Mon duh che e ke dood,
"Tah neen ka e zhe che ga yon
Ewh che noo je mo yon?

7 "Um ba ning uh uh muh ze kah
Nuh nee zah ne ze yon;
Ta ba ning a ning uh e zhah
Ewh wee noo je mo yon.

8 "I must for faith incessant cry,
And wrestle, Lord, with thee:
I must be born again, or die
To all eternity."

HYMN 119. S. M.

1 Spirit of faith, come down,
Reveal the things of God;
And make us to the Godhead known,
And witness with the blood:
'Tis thine the blood t' apply,
And give us eyes to see,
Who did for every sinner die,
Hath surely died for me.

2 No man can truly say
That Jesus is the Lord,
Unless thou take the veil away,
And breathe the living word;
Then, only then, we feel
Our interest in his blood,
And cry, with joy unspeakable,
"Thou art my Lord, my God!"

3 O that the world might know
The all-atoning Lamb!

8 "Ta bwa yain duh mo win moon zhug
Ke guh un do duh moon,
Moon zhug ning uh go duh ain dum,
Aun je e goo se won."

NUHGUHMOWIN 119. S. M.

1 Pe e zhon, O je chog,
Che da bwa yain duh mong,
Uh yod Ma no Mun e doo wid
Kuh ya o me squee ming!
Keen ke dah guh shke toon
Ewh che wah bun duh mong,
Pah tah zing kee be oon je naid
Neen go kee oon je na.

2 Kah dah guh shke too seem
Che da bwa yain duh ming,
E ko nuh mun a tuh mon duh
Uh yah goo shkah go yong,
Pah be ga o me squeem
Nin dah me sain dah non;
Che 'zhe pee bah ge yong e bun
"Ne me no Mun e doom."

3 Pa gish ain duh che wind
Noong oom ke ka ne mind;

Spirit of faith! descend, and show
  The virtue of his name:
The grace which all may find,
  The saving power, impart;
And testify to all mankind,
  And speak in every heart.

4 Inspire the living faith,
  Which whosoe'er receives,
The witness in himself he hath,
  And consciously believes;
The faith that conquers all,
  And doth the mountain move,
And saves whoe'er on Jesus call,
  And perfects them in love.

HYMN 120. 7s.

1 JESUS, Lord, we look to thee,
Let us in thy name agree:
Show thyself the Prince of peace;
Bid our jars for ever cease.

2 By thy reconciling love,
Every stumbling block remove;
Each to each unite, endear;
Come, and spread thy banner here!

'Che O je chog, pee duh mah gain
  Ewh a nain dah go zid.
O wee doo kah ga win
  Puh ge de nuh mah gain,
Nin da e nong ain duh che yong
  Ween duh muh we she nom.

4 Pe e zhe poo dah dun
  Ta bwa yain duh mo win,
Ah pe je che da bwa yain dung,
  Owh wa dah pe nuh mook;
Ta bwa yain duh mo win,
  Mah shkuh we zee muh guk,
Je sus sun nain do mah she jig,
  Che moo je ge ze wun.

NUHGUHMOWIN 120. 7s.

1 Ke buh gwe sah buh me goo
Je sus, ta ba ne me yong;
E ko nuh muh we she nom
Wain je mah na ne de shong.

2 Ka be se dah de yong in
Ning o je uh puh ge doon;
A zhe dush zah ge e yong,
Che 'zhe zah ge e de shong.

3 Make us of one heart and mind,
Courteous, pitiful, and kind,
Lovely, meek, in thought and word,
Altogether like our Lord.

4 Let us for each other care,
Each the other's burden bear,
To thy church the pattern give,
Show how true believers live.

5 Free from anger and from pride,
Let us thus in God abide;
All the depths of love express,
All the heights of holiness!

6 Let us then with joy remove
To the family above;
On the wings of angels fly;
Show how true believers die.

HYMN 121. 8s & 6s.

1 Except the Lord conduct the plan,
The best-concerted schemes are vain,
And never can succeed;
We spend our wretched strength for naught:
But if our works in thee be wrought,
They shall be blest indeed.

3 Ke ge ke wa oon um ba
Uh goo duh muh we she nom;
Che ba zhe go da a yong,
Nah sob e go ain de yun.

4 Che we doo ko dah de shong
A ne zuh nuh ge zing in,
Wa weeng a puh mee too kig,
Che uh ye nuh wung e dwah.

5 Che ne shka ne de se wong,
Mon duh puh mee tah goo yun;
Che uh gah sa ne mo shong,
Ke gwuh yuh ko ze wing ing!

6 Che ne moo je gan duh mong,
Uh pee kee wa we zhe yong;
An gel nug o ning wee won,
Che oom be suh e go shong!

NUHGUHMOWIN 121. 8s & 6s.

1 Keesh pin wee doo kuh wain duh zig,
Je sus, oowh a zhe che ga yung,
Kuh uh gah we ze min;
Keesh pin dush ween we doo koo nung,
Ka gait kuh duh zhuh wain dah gwud,
Oowh a zhe che ga yung.

2 Lord, if thou didst thyself inspire
Our souls with this intense desire
Thy goodness to proclaim,—
Thy glory if we now intend,—
O let our deed begin and end
Complete in Jesus' name!

3 In Jesus' name behold we meet,
Far from an evil world retreat,
And all its frantic ways;
One only thing resolved to know,
And square our useful lives below,
By reason and by grace.

4 Now, Jesus, now thy love impart,
To govern each devoted heart,
And fit us for thy will:
Deep founded in the truth of grace,
Build up thy rising church, and place
The city on the hill.

5 O let our faith and love abound!
O let our lives to all around
With purest lustre shine;
That all around our works may see,
And give the glory, Lord, to thee,
The heavenly light divine!

2 Ta ba ning a, e nain duh mun,
Kee doo ne zhe she win min ze,
  Che de bah do duh mong;
Mon oo uh no kee tah goo yun,
Je sus, o de noo zo win ing
  Ning uh kee zhe too non!

3 Je sus o de noo zo win ing,
Ke mah wun je e de she min,
  Wee gwuh yuh ko ze yung;
Ma je e zhe wa be ze jig,
Ke gee buh ka we nah nah nig,
  Wee gwuh yuh ko ze shung.

4 Je sus, ke me nwa ning a win,
Um ba nin da e nong uh toon,
  Che ong wah me ze shong;
Ah yeen je gah buh we ah shin,
Wa quee no jig o gech wuh jewh,
  Che wah sa yah ze wod!

5 Mon oo tuh ge zhee wah sa yah
Ne me nwa ning a we ne non,
  Kee we tah uh ye ee;
Che mah moo yuh wuh me goo yun
Wah bun duh e wa yong min ze
  Ke wah sa yah ze win!

FOR MOURNERS CONVINCED OF SIN.

HYMN 122. 6 *lines* 8s.

1 Yield to me now, for I am weak;
  But confident in self-despair:
Speak to my heart, in blessings speak:
  Be conquer'd by my instant prayer:
Speak, or thou never hence shalt move,
And tell me if thy name is Love.

2 'Tis Love! 'tis Love! thou diedst for me:
  I hear thy whisper in my heart!
The morning breaks, the shadows flee,
  Pure, universal love thou art:
To me, to all, thy bowels move,
Thy nature and thy name is Love.

3 My prayer hath power with God: the grace
  Unspeakable I now receive;
Through faith I see thee face to face:
  I see thee face to face, and live!
In vain I have not wept and strove;
Thy nature and thy name is Love.

4 I know thee, Saviour, who thou art,
  Jesus, the feeble sinner's friend:

MUHJE EZHEWABEZEWIN OONJE KEEZAHDAIN-DUHMING.

—

NUHGUHMOWIN 122. *6 lines* 8s.

1 Um ba, pe zhuh wa ne me shin,
Noong oom ewh ah ne zhee tuh mon;
Kuh guh noo zhe shin nin da ing,
Ta bwa tun un do duh moo non;
Kah ween pooch ke guh mah jah see,
Ma nwa ning a nuh ke de goo.

2 Ka gait e suh ke me nwa nim,
Wain duh go ke gee oon je na,
Ke noon doon suh kuh noo zhe yun,
Zhuh ye gwuh suh pe wah sa yah;
Ah pe je suh ke me nwa nim,
Ma nwa ning a suh ke de goo.

3 Me noo Mun e doo wee je id,
Zhah zhe ne zhuh wa ne me goo;
Ta bwa yain duh mo win ing, suh
Noong oom ke doon je wah buh min!
Mee ewh kah oon duh da mo yon,
Ma nwa ning a suh ke de goo.

4 Keen suh Nwah je mo e wa yun,
Je sus a zhe ne kah zo yun:

Nor wilt thou with the night depart,
  But stay, and love me to the end;
Thy mercies never shall remove;
Thy nature and thy name is Love.

5 The Sun of righteousness on me
  Hath rose with healing in his wings:
Wither'd my nature's strength, from thee
  My soul its life and succour brings;
My help is all laid up above;
Thy nature and thy name is Love.

6 Contented now upon my thigh
  I halt, till life's short journey end;
All helplessness, all weakness, I
  On thee alone for strength depend;
Nor have I power from thee to move;
Thy nature and thy name is Love.

7 Lame as I am, I take the prey;
  Hell, earth, and sin, with ease o'ercome,
I leap for joy, pursue my way,
  And, as a bounding hart, fly home;
Through all eternity to prove
Thy nature and thy name is Love.

Ka goo ween nuh guh zhe she kain,
  Me nik ka be mah de ze yon;
Kah ge nig zhuh wa ne me shin,
Ma nwa ning a suh ke de goo.

5 Gwuh yuh ko ze win e Kee zis,
  Ne wah sa shkog noo je mo id;
Keen suh ke doon de nuh muh wish
  Wain je nah pe mah de ze yon;
Ish pe ming ne wee doo kah goo,
Ma nwa ning a suh ke de goo.

6 Kah ge nig ning uh nuh ain dum
  Ka uh ko pe mah de ze yon;
Ah pe je neen pa jee wee yon,
  Keen e dush ke duh pa ne min;
Kah ke dah nuh guh ne se noon,
Ma nwa ning a suh ke de goo.

7 Ah no e zhe pa jee wee yon,
  Ning e che muh mah zhe e wa;
Ning wah shquon moo je gain duh mon,
  Wah wah shka sheeng nin de zhe sa,
Ish pe ming e zhe kee wa yon
Ma nwa ning a suh ke de goo.

HYMN 123. *8 lines* 7s

1 Jesus, lover of my soul,
Let me to thy bosom fly,
While the nearer waters roll,
While the tempest still is high:
Hide me, O my Saviour, hide,
Till the storm of life be past;
Safe into the haven guide,
O receive my soul at last!

2 Other refuge have I none,
Hangs my helpless soul on thee,
Leave, ah! leave me not alone,
Still support and comfort me:
All my trust on thee is stay'd;
All my help from thee I bring;
Cover my defenceless head
With the shadow of thy wing.

3 Plenteous grace with thee is found,
Grace to cover all my sin;
Let the healing streams abound,
Make and keep me pure within:
Thou of life the fountain art;
Freely let me take of thee;
Spring thou up within my heart,
Rise to all eternity.

NUHGUHMOWIN 123. 8 *lines* 7s.

1 Je sus, ke be nah ze koon
Ma nwa ne mud nin je chog;
Ma gwah ewh muh mong ah shkog,
Kuh ya ewh ke che noo ding:
Kah zhe shin a peech ma gwah
Nee skah duk pe mah de zing;
Puh guh me wizh nin je chog
Ain duh zhe uh yuh nwah ting.

2 Keen a tuh owh nin je chog,
Ke buh gwe sa ne me goosh;
Ka go nuh guh zhe she kain,
Pe me no uh yah we shin:
Keen mah ke duh pa ne min,
Keen a tuh ke wee doo kowh:
Mon oo uh gwuh nuh o shin
E gewh ke ning wee guh nug.

3 Ke wee doo kah ga win ing,
Ning uh oon je noo je moosh;
Wain je noo je mwah bah waing
Ning uh be pee ne e goon:
Keen mah pe mah de ze win,
Wa ne puzh nin dah uh yon:
Um ba, nin da ing uh toon,
Kah ge ga pe mahd' ze win.

HYMN 124. L. M.

1 Thou Man of griefs, remember me,
Who never canst thyself forget,
Thy last mysterious agony,
Thy fainting pangs, and bloody sweat.

2 Father, if I may call thee so,
Regard my feeble heart's desire;
Remove this load of guilty wo,
Nor let me in my sins expire!

3 I tremble lest the wrath divine,
Which bruises now my sinful soul,
Should bruise this wretched soul of mine
Long as eternal ages roll.

4 To thee my last distress I bring;
The heighten'd fear of death I find:
The tyrant, brandishing his sting,
Appears, and hell is close behind!

5 I deprecate that death alone,
That endless banishment from thee!
O save, and give me to thy Son,
Who trembled, wept, and bled for me!

NUHGUHMOWIN 124. L. M.

1 Kah ge che, Ko duh gan duh mun,
Ka go wuh na ne me she kain,
Ke dah wuh nain don e nung a,
Ke me squeem kah be oon je gog!

2 Noos, ke twa ke de zhe, wee nin,
Wee zhuh wa ne me go ze yon;
E ko nun pwuh yah woon duh mon,
Ka go ween ning uh ne bo see.

3 Ne nuh ning e za ge e goon,
Mon duh o ne shkain je ga win,
Kah ge ga kuh mig nin je chog,
Ke che go duh gain dung e bun.

4 Ke be nah je ne zhe min suh,
Qua duh ge 'wa noo pe nuh zhid:
Muh je ish ko da ish qua yong,
Pa sho pe duh ne zee muh gud.

5 Ke nun do duh moon suh noong oom
Wa weeb che noo je mo e yun!
Meenzh, Ke gwis che de ba ne mid,
Neen kah oon je ko duh gain dung!

FOR BELIEVERS REJOICING.

HYMN 125. L. M.

1 How do thy mercies close me round!
For ever be thy name adored;
I blush in all things to abound;
The servant is above the Lord!

2 Inured to poverty and pain,
A suff'ring life my Master led:
The Son of God, the Son of man,
He had not where to lay his head.

3 But, lo! a place he hath prepared
For me, whom watchful angels keep:
Yea, he himself becomes my guard;
He smooths my bed, and gives me sleep.

4 Jesus protects; my fears, begone!
What can the Rock of ages move?
Safe in thy arms I lay me down,
Thy everlasting arms of love.

5 Me for thine own thou lov'st to take,
In time and in eternity:
Thou never, never wilt forsake
A helpless worm that trusts in thee.

TUHYABWAYAINDUNGIG MOOJEGANDUHMOWOD

NUHGUHMOWIN 125. L. M.

1 Ning ee we tah shkah go she nun,
E newh sha wain je ga yuh nin!
Nin duh guch owh puh mee tah gun,
Che nee gah nain dah go ze pun!

2 Ne nuh guh dis ewh kah ge nig,
Kee be ke de mah ge ze yon:
Je sus o gee muh na zin ewh
Ka gee uh pe qua she mo pun.

3 Nin duh twah guh ne kog dash ween,
An gel nug pa main duh mo wod;
Nim buh ma ne mig, kuh ya go
Ne ne bah ig ta be kuh kin.

4 Je sus pe guh nuh wa ne mid,
Wa nain ka mah na ne me pun?
O ne kah wung ning uh we shim,
Moon zhug ke me nwa ning a win.

5 Ke me nwain dum uh yah we yun,
Noong oom, kuh ya kah ge nig:
Kah wee kah kuh nuh guh nah see
Ka gait tuh ya bwa ya ne mik.

FOR BELIEVERS FIGHTING.

HYMN 126. S. M.

1 Jesus, the conqueror reigns,
In glorious strength array'd,
His kingdom over all maintains,
And bids the earth be glad.
Ye sons of men, rejoice
In Jesus' mighty love;
Lift up your heart, lift up your voice,
To him who rules above.

2 Extol his kingly power;
Kiss the exalted Son,
Who died, and lives, to die no more,
High on his Father's throne:
Our Advocate with God,
He undertakes our cause,
And spreads through all the earth abroad
The victory of his cross.

3 That bloody banner see,
And, in your Captain's sight,
Fight the good fight of faith with me,
My fellow-soldiers, fight!
In mighty phalanx join'd,
To battle all proceed;

TUH YABWAYAINDUNGIG MEEGAHZOWOD.

NUHGUHMOWIN 126. S. M.

1 Je sus, Ma mah zhe twod
  Ke che o ge mah we,
A ne go quah nig oowh uh ke,
  O doo nah ne go toon.
Pah pe na ne mo yook,
  Je sus me nwa ning aid;
Ish pe ming tuh zhe O ge mah
  'Che mah moo yuh wuh mik.

2 Mee gwaich e nain duh mook
  O muh shkuh we zee win;
Kah ne bo pun pe mah de zid
  Oo sun wee duh be mod;
"Meenzh," o de non Oo sun,
  A gah wah duh mung oon,
Min ze uh keeng ta be shkah ne
  O muh shkuh we zee win.

3 Me squee wa guh de ne
  O ge ke wa o win!
Wee je e shig mee gah zo yon
  Nee je ke waih ye doog!
E ne ong wah me nik
  Ain do buh ne she jig;

Arm'd with th' unconquerable mind
  Which was in Christ your head.

HYMN 127. S. M.

1 Hark, how the watchmen cry,
  Attend the trumpet's sound!
Stand to your arms, the foe is nigh,
  The powers of hell surround:
Who bow to Christ's command,
  Your arms and hearts prepare;
The day of battle is at hand!
  Go forth to glorious war!

2 See, on the mountain top,
  The standard of your God!
In Jesus' name I lift it up,
  All stain'd with hallow'd blood.
His standard bearer, I
  To all the nations call:
Let all to Jesus' cross draw nigh!
  He bore the cross for all.

3 Go up with Christ your Head;
  Your Captain's footsteps see;
Follow your Captain, and be led
  To certain victory.
All power to him is given;
  He ever reigns the same;

Je sus o muh shkuh we zee win,
E ne ge ge ze yook.

NUHGUHMOWIN 127. S. M.

1 Nuh! a kuh wah be jig,
Muh dwa pee bah ge wug?
Kee zhee tah yook che mee gah naig,
Ka che ne shka ning aid;
Je sus ma yah wo said,
Ka nuh wa ne me naig;
E zhog ain duh zhe mee gah zoong
Puh yah pe nain dah gwuk!

2 E nuh! wah bun duh mook,
Je sus ke ke wa ood!
O gech wuh jewh nin doom be non,
Kuh ke nuh me squee wun.
Chah ga nuh ain wa jig,
Noong oom un do mah wug;
Kah-ke nuh pe nah ze kuh wik,
Je sus, kah oon je naid.

3 Je sus ma yah wo said
E ne ong wah me nik;
Ka oon je muh mah zhe a gwah,
E gewh mah gah na goog.
Kuh ke nuh kee me nah,
Kuh shke a we ze win;

Salvation, happiness, and heaven,
Are all in Jesus' name.

4 Only have faith in God;
In faith your foes assail;
Not wrestling against flesh and blood,
But all the powers of hell:
From thrones of glory driven,
By flaming vengence hurl'd,
They throng the air, and darken heaven,
And rule the lower world.

THE INCARNATION OF CHRIST.

HYMN 128. 7s.

1 Hark, the herald angels sing
Glory to the new-born King,
"Peace on earth, and mercy mild;
God and sinners reconciled."

2 Christ, by highest heaven adored,
Christ, the everlasting Lord,
Late in time behold him come,
Offspring of a virgin's womb.

3 Veil'd in flesh the Godhead see;
Hail th' incarnate Deity!
Pleased as man with men t' appear,
Jesus our Immanuel here.

Je sus o de noo zo win ing,
Noo je mo win tuh go.

4 Muh shkuh wain duh mo yook,
Je sus wh pa ne maig;
Kuh ke nuh muh je mun e doog,
Ke mee gah ne go wog;
Ish pe ming kah oon je
Nah nee swa be nin jig,
Ko tah me go ze wug uh keeng,
Wee bah tah e wa wod.

. KEENEEGID OWH CHRIST.

NUHGUHMOWIN 128. 7s.

1 An gel nug nuh guh mo wug,
'Che O ge mah kee nee gid,
Pe ge che zhuh wa ne mod,
Na shwuh nah de ze ne jin.

2 Moo je ge nuh qua 'mah gaig
Un keeng ain duh nuh kee yaig,
Te bah je mik owh Je sus
Ma ry nah ge tuh moo naig.

3 An gel nug ain duh che wod,
O duh nuh me kuh wah won!
Wah buh mik pe duh gwe shing,
Kee gong o quain wa gee jin.

4 Hail the heaven-born Prince of peace,
Hail the Sun of righteousness!
Light and life to all he brings,
Risen with healing in his wings.

5 Mild he lays his glory by,
Born that man no more may die;
Born to raise the sons of earth;
Born to give them second birth.

6 Adam's likeness now efface,
Stamp thine image in its place:
Second Adam from above,
Reinstate us in thy love.

FOR THE SOCIETY ON MEETING

HYMN 129. C. M.

1 See, Jesus, thy disciples see,
  The promised blessing give!
Met in thy name, we look to thee,
  Expecting to receive.

2 Thee we expect, our faithful Lord,
  Who in thy name are join'd;
We wait, according to thy word,
  Thee in the midst to find.

4 Uh nuh me kuh wik pah dood
Na yob quuh yuh ko ze win;
Ain duh che she wind uh keeng
Wee be mah de zee e wa.

5 Che ne bo seeng mee nuh wah
Je sus pe oon je e zhah;
Uh keeng wain dah de ze jig,
Che on je nee ge in dwah.

6 A zhe quuh yuh ko ze yun
E zhe wa be e she nom;
Ke me nwa ning a win ing
Che ne me nuh wah ze yong.

MAHWUNJEEDEWOD ANUHMEAHJIG.

NUHGUHMOWIN 129. C. M.

1 Je sus, ke me zhe nuh wa mug
Pe zhuh wa ne mah shin;
Ke de zhe ne kah zo win ing,
Mah wun je e de shong.

2 Nim buh gwe sa ne mo she min,
Ke de ke do win ing,
Noong oom o mah nah wuh ye ee,
Che be duh ne ze yun.

3 With us thou art assembled here;
But, O, thyself reveal!
Son of the living God, appear!
Let us thy presence feel.

4 Breathe on us, Lord, in this our day,
And these dry bones shall live;
Speak peace into our hearts, and say,
"The Holy Ghost receive!"

5 Whom now we seek, O may we meet!
Jesus, the crucified,
Show us thy bleeding hands and feet,
Thou who for us hast died.

6 Cause us the record to receive:
Speak, and the tokens show;
"O be not faithless, but believe
In me, who died for you!"

HYMN 130. L. M.

1 Praise God, from whom all blessings flow
Praise him, all creatures here below;
Praise him above, ye heavenly host:
Praise Father, Son, and Holy Ghost!

3 Ah no wah buh me goo se wun
O mah tuh ne ze yun,
Mon oo kuh ge ka ne me goo
E mah nin da e nong.

4 Pe na sa no duh we she nom
Ke be mah de ze win;
E ke doon, "un yah wik mah buh
Pah ne zid O je chog!"

5 Kah uh gwah quuh e gah zo yun,
Ma gwah shkuh we she nom!
Pe wah wah bun duh e she nom,
Wain jes quuh ge ze yun.

6 Ain duh che yong e zhe she nom,
"Ta bwa ya ne me shig,
Kee nuh wah man kee oon je na,
Che be mah de ze yaig."

NUHGUHMOWIN 130. L. M.

1 Mah moo yuh wuh mah dah mah buh,
Wain je zhuh wain dah go ze yung;
Wa yoo se mind, Wa gwe se mind,
Kuh ya Pah ne zid O je chog!

INDEX TO THE HYMNS.

INDEX TO INDIAN HYMNS.

www.ingramcontent.com/pod-product-compliance
Lightning Source LLC
LaVergne TN
LVHW010215110826
845151LV00004B/1092
* 9 7 8 1 4 2 5 5 2 7 8 0 8 *